그림으로 보는 하느님의 신비

Anselm Grün
In Bildern das Geheimnis schauen
Mit Bildern von Egino Weinert durch das Kirchenjahr
© Münsterschwarzach: Vier-Türme-Verlag 1996

Translated by Han Yeun Hie
© Benedict Press, Waegwan, Korea 2001

그림으로 보는 하느님의 신비
2001년 1월 초판 | 2016년 3월 3쇄
옮긴이 · 한연희 | 펴낸이 · 박현동
ⓒ 분도출판사
등록 · 1962년 5월 7일 라5호
39889 경북 칠곡군 왜관읍 관문로 61
출판사업부 · 전화 02-2266-3605 · 팩스 02-2271-3605
인쇄사업부 · 전화 054-970-2400 · 팩스 054-971-0179
www.bundobook.co.kr
ISBN 978-89-419-0102-0 03230
값 18,000원

그림으로 보는 하느님의 신비
전례력에 따른 묵상

그림 · 에기노 바이너트
글 · 안셀름 그륀

한연희 옮김

분도출판사

차 례

실마리 · 7

I. 성탄 시기
   1. 성모 영보 · 13
   2. 목동들의 경배 · 17
   3. 동방 박사의 경배 · 21
   4. 예수님의 세례 · 25
   5. 가나의 혼인잔치 · 29
   6. 성전에 봉헌되시는 예수님 · 33

II. 부활 시기
   1. 게쎄마니 동산의 예수님 · 39
   2. 베로니카를 만나심 · 43
   3. 십자가를 지고 넘어지심 · 47
   4. 십자가 아래의 마리아와 요한 · 51
   5. 십자가에 못박히심 · 55
   6. 마리아가 아들의 주검을 안으심 · 59
   7. 예수님의 부활 · 63
   8. 막달라 여인 마리아 · 67
   9. 엠마오로 가는 제자들 · 71
   10. 풍요로운 고기잡이 · 75
   11. 성령 강림 · 79

III. 연중 시기
　　1. 성찬례 · 85
　　2. 주민세 · 89
　　3. 호수의 풍랑 · 93
　　4. 사마리아 여인과의 대화 · 97
　　5. 착한 목자 예수님 · 101
　　6. 포도주틀 안의 예수님 · 105
　　7. 은총의 옥좌 · 109
　　8. 생명 나무 · 113
　　9. 마리아 5월의 여왕 · 117
　　10. 성모 승천 · 121
　　11. 보호 망토의 마리아 · 125
　　12. 그리스도 세상의 왕 · 129

마무리 · 133

실마리

에기노 바이너트Egino Weinert는 13년간 뮌스터슈바르짜흐 수도원에 있었다. 처음에는 도제로 있다가 나중에 수도자가 되었다. 그 당시 수도원은 현대미술에 대한 이해가 부족했기 때문에 그 기간이 그에게 결코 쉽지만은 않았다. 그는 수도자 신분으로 쾰른의 예술학교를 다녔고 수도원의 금속공예실에서 3년 동안 일했다. 금속공예실에서는 쾰른 예술학교에서 배운 것을 형상화시킬 수 있었다. 그 당시에 그는 뮌스터슈바르짜흐 수도원에서, 특히 테오필 람 신부를 통하여 알게 된 신학에서 영감을 얻었다. 그래서 에기노 바이너트는 요즘에도 뮌스터슈바르짜흐에서 배우고 익힌 신학과 영성에 매우 감사한다고 고백한다. 그는 하느님과 인간의 신비에 대해 그때 알았던 것을 자신의 작품에 표현한다. 당시 뮌스터슈바르짜흐에서 지도적인 수도자들이 — 테오필 람 수사신부, 부니발트 켈르너 신부, 슈투르미우스 그륀 신부, 우르반 랍 신부 — 가르쳐준 것은 오도 카젤Odo Casel의 신비신학이었다. 라흐의 수도자 오도 카젤은 그리스도 안에서 드러내시며 전례 안에서 우리 가운데 현존하시는 하느님의 신비에 관한 초기 그리스도교 신학을 발전시켰고 그것으로 전례운동에 큰 영향을 끼쳤다. 신비신학은 바라보기를 넘어서 하느님 체험에 이르는 그리스 신비주의에 힘입은 바 크다. 그렇기 때문에 그림은 신비신학 안에서 큰 역할을 한다. 전례에서와 마찬가지로 성화聖畵에서도 하느님께서 우리 인간을 위하여 예수 그리스도를 통해 행하신 구원사업을 엿볼 수 있고 체험할 수 있다. 전례와 그림이 전하는 신비는 이것이다: "여러분 안에 계시는 그리스도 그분이 곧 영광을 기다리는 우리 희망이십니다"(골로 1,27).

그림은 하느님의 신비와 우리 삶의 신비를 보여주고, 우리가 그 신비를 체험할 수 있도록 이끌어 준다. 그림은 마치 창과 같다. 그림을 통해 하느님의 신비가 우리 삶 안으로 뚫고 들어온다. 그림 안에서는 그리스인들이 말하듯 원형 자체가 빛나며 하느님 자체를 볼 수 있게 된다. 그림 안에서는 우리 삶을 덧씌운 베일이 벗겨지고 우리는 실제 있는 그대로의 현실을 본다. 그림은 단어보다 더 옹글게 뜻을 전한다. 그림은 우리의 감정도 건드리고 무의식까지 밀고 들어간다. 그림에는 치유하는 힘이 있다. 그림은 우리를 감동시키고 하느님의 형상대로 우리의 모습을 만들고 싶어한다.

그림은 활동적이다. 그림은 구원을 실현시킨다. 하느님의 구원사업을 우리 안에 새겨놓기 때문이다. 하느님께서 지으신 모습 그대로 되기 위해 우리는 그림을 필요로 한다.

로마노 과르디니는 언젠가 예술에 대하여 이렇게 썼다: "예술작품은 완전한 현존에 대한 갈망으로 생겨난다. 완전한 현존이란 인간이 어떤 실망에도 불구하고 반드시 이루어져야 한다고 여기는 그런 것이 아니다"(Lex Spir 746). 각 그림에는 하느님께서 우리 개개인에 관해 설계해 놓으신 약속이 숨어 있다. 우리 삶의 과제는 우리 안에 있는 이 유일한 하느님의 그림을 이 세상에서 표현하는 것이다. 바이너트의 그림들은 우리에게 하느님께서 우리 각자를 어떠한 아름다움으로 부르셨는지를 보여주고 싶어한다. 그는 자기 그림으로 하느님의 사랑을 우리에게 전해주고 싶어한다. 하느님의 사랑이란 예수 그리스도 안에서 볼 수 있게 된 사랑이며 우리의 현존에도 감명을 주는 사랑이다. 그는 그림의 설교적 효과에 관한 크나웁W. Knaupp의 말을 확인시켜 줄 수 있을 것이다: "그림은 천사의 혀로 설교할 수 있다. 결국에는 그림이 더 강하다"(Lex Spir 749). 바이너트는 베네딕도 수도자로서의 소명을 자신의 예술로써 실현시키고자 했다. 그는 기도하는 인간으로 일상의 체험을 예술로 표현하였다. 또한 사랑이신 자비로운 하느님에 대한 자신의 갈망을 예술작품 안에 표현하였다. 그리하여 자신의 예술작품으로 사람들에게 자비로우신 하느님을 신뢰하게 하고 사람들이 자신의 삶을 하느님 사랑 안에서 받아들일 수 있도록 용기를 주고 싶어한다.

나는 이 책에서 전례력에 따른 개별적인 축일이나 특정한 주제를 다룬 칠보 작품만을 선별하였다. 따라서 이 책은 전례력에 나타나는 구원의 신비를 묵상하고 내면화시키는 데 도움이 될 것이다. 또한 이 책을 통해 뮌스터슈바르짜흐 수도원이 에기노 바이너트에게 감사를 표하는 계기를 마련했으면 한다. 그는 자기 방식대로 우리를 감동시킨 정신을 세상에 전하고 화가로서 자신의 선교 소명을 실현했다. 바이너트는 어려서부터 연중 축일들이 들어 있는 전례력에 친숙했다. 뮌스터슈바르짜흐에서 보낸 13년이란 기간은 교회 축일들의 전례와 신학에 대한 이해를 분명하게 해주었다. 축일을 통해 하느님께서는 우리의 삶 안으로 뚫고 들어오시고 우리의 삶을 변화시키신다. 모든 축일은 완성에 대한, 영원한 안식과 하느님과 공동체에 대한 우리의 갈망을 표현한다. 축일에는 하느님께서 예수 그리스도를 통해 우리에게 역사役事하셨던 것이 현존하고 있다. 루가 복음에 따르면 전례력에는 매년, 예수께서 사람들을 치유하시고 선한 일을 하시면서 유랑하셨던 어느 구원의 한 해가 생생하게 그려지는데, 이는 구원을 점점 더 우리의 역사 안에 새겨놓기 위해서이다. 에기노 바이너트가 전례력에 따라 만들어낸 그림들은 당시의 구원사건들이 오늘날 우리한테도 이루어지도록 우리를 도와주고자 한다. 그림들을 보고 있노라면 예수 그리스도 안에서 치유하시고 구원하시는 하느님의 역사가 점점 더 깊은 감동으로 우리 안에 스며든다. 그림에서 우리는, 우리가 그리스도를 통해 어디로 부름받았는지를 알게 된다. 그림은 감동을 줄 것이며 우리가 바라보는 그림으로 우리를 변화시킬 것이다. 이것을 바울로는 고린토 후서 3장 18절에서 이렇게 말했다: 탄생부터 승천까지의 역사를 통해 "보이지 않는 하느님의 모상"(골로 1.15)으로서의 그리스도를 보여주는 그림들을 바라봄으로써, 우리는 "그분과 같은 모상으로 모습이 바뀔 것이니, 영이신 주님으로 말미암아 영광에서 영광으로 모습이 바뀔 것"(2고린 3.18)이다.

I. 성탄 시기

1. 성모 영보

위대한 그리스도교 예술의 전통에 따라 에기노 바이너트는 성모 영보 장면에 나오는 마리아를 관상적인 여인으로 그렸다. 마리아는 성서를 읽으면서 하느님의 말씀을 묵상한다. 가슴 위에 십자형으로 얹은 손들은 그녀가 읽고 받아들인 하느님의 말씀을 마음에 간직하는 것을 나타낸다. 마리아는 파란색 원피스를 입고 있다. 파란색은 갈망의 색이며 하늘의 색이다. 마리아는 나지막한 걸상 위에 앉아 있는데, 그 갈색 걸상이 보여주듯이 그녀는 땅의 여인이다. 또한 그녀 발 밑의 빨간 융단처럼 그녀는 사랑하는 여인이자 하늘의 여인이기도 하다. 하느님을 갈망하기 때문에 하늘의 색을 입고 있는 여인이기도 하다.

그녀가 묵상중에 받아들여 그녀 마음 안에 살아 움직이는 말씀은 성모 영보에서 육화한다. 마리아에게 하느님의 말씀을 전하는 천사는 젊은 남자다. 그는 마리아에게 붉은 장미 한 송이를 건네주고 그로써 말씀의 육화가 사랑의 한 사건임을 표현한다. 이는 마리아가 하느님의 말씀으로 수태하는 것을 허락하는, 사랑이 곁들여진 하느님과의 만남이며 충만한 연애의 만남이다. 마리아의 얼굴은 젊은 남자의 인사가 그녀 마음에 와닿았음을 반영한다. 그러나 마리아를 수태시키는 것은 천사의 말이 아니라 성령이시다. 루가는 천사가 마리아에게 전하는 영보를 성공한 대화로 묘사한다. 천사는 마리아에게 말을 건넨다. 그녀가 응답하여 자신의 열린 마음과 열린 자궁을 하느님 말씀에 내맡겼기에 말씀의 육화가 가능했다. 그녀는 자신이 어디로 인도되는지 몰랐음에도 불구하고 하느님의 뜻이 이루어지도록 자신을 내맡긴다. "주님의 종" 이스라엘은 하느님께 거역했지만 마리아는 자신을 새로운 이스라엘로, 순종하는 "주님의 시녀"로 인식한다. 그녀는 하느님의 구원사업에 참여할 준비가 되어 있다. 하느님의 말씀이 그녀를 수태시킨다.

이 성모 영보 그림은 감실 앞면에 그린 것이다. 마리아와 천사의 촛불은 성체를 나타내는 흰 동그라미 속에 있다. 감실에는 육화된 하느님의 말씀이 보존된다. 마리아 안에서 육화된 하느님의 말씀과 변화된 빵 안에서 우리를 만나는 그리스도의 몸이 합쳐져 전체를 이루고 있다. 그리스도의

몸을 영접한다는 것은 마리아처럼 열린 마음으로 하느님의 말씀을 영접하고 묵상한다는 뜻도 된다. 그러면 우리는 마리아처럼 하느님의 말씀을 잉태하게 된다. 우리는 마리아처럼 스스로 감실이 되어, 성체에서 나는 붉은 광채처럼 사랑은 우리를 통하여 이 세상으로 방사放射된다.

이것은 대림절 그림이다. 마리아는 성서를 묵상한다. 그녀는 하느님의 말씀을 마음에 간직하기 위하여 정신을 가다듬는다. 그렇게 그녀는 열린 마음으로 주님의 오심을 고대하고 있다. 그녀가 자신의 마음을 하느님께 열어 놓고 있기 때문에 하느님께서 친히 그 안으로 들어오실 수 있다. 대림절은 기다리는 시간, 우리가 기도하고 묵상하면서 우리 자신의 갈망을 접하는 시간이다. 우리의 갈망은 이 세상을 지나 하늘나라로 우리를 인도한다. 그리고 갈망은 거기서만 충족될 수 있다. 우리가 이 그림을 바라봄으로써 우리 안에 하느님의 말씀이 형상화될 수 있고 육화될 수 있다. 마치 마리아 안에서 살이 되고 감실 안에서 그리스도의 몸으로 우리에게 보여질 수 있는 형상으로 받아들여진 것처럼.

2. 목동들의 경배

하느님이 성탄절에 우리를 위해 아기가 되셨다. 하느님이 우리를 위해 작아지시고 약해지셨다. 하느님이 외양간에서 탄생하셨다. 하느님이 우리 마음의 외양간에 새로 태어나고 싶어 하신다. 그림에서 마리아는 강보에 싸인 아기 예수님을 팔에 안고 있다. 동방의 전통에 따라서 수의壽衣 같은 포대기가 아기를 감싸고 있다. 성탄절에 태어난 하느님의 아기는 무덤 속까지 우리 인간의 운명과 함께하고 우리의 운명을 변화시키게 된다. 구유와 십자가는 동질이다. 이를 에기노 바이너트는 아기의 머리 둘레에 흰 십자가로 표현했다.

마리아는 역시 파란 옷을 입고 살짝 구부린 채 앉아 있다. 땅 한가운데에서 그녀는 자신이 낳은 하느님의 아기를 통해 하늘을 땅으로 가져온다. 별 하나가 반짝이며 무릎 꿇고 아기에게 경배하는 사람들을 위해 하늘을 열었다. 한 목동이 선물로 자기 양을 구유에 바친다. 그는 이 아기로 인해 하늘이 자기에게 열렸음을 고백하기 위해 오른손을 가슴에 얹었다. 빨간 꽃 두 송이와 흰 꽃 한 송이로 꽃다발을 만들어 온 부인이 있다. 사랑을 상징하는 빨간색, 순결을 상징하는 흰색, 이는 순수한 사랑이다. 부인은 이 사랑으로 아기에게 인사한다. 그녀 위에 별이 빛난다. 그런 사랑 위에서 하늘이 열린다. 부인 옆에는 녹색 선물꾸러미를 든 노인과 목자의 지팡이를 든 젊은이가 경배드리고 있다. 그들은 사랑스런 눈빛으로 예수님의 얼굴을 바라보면서 경배드린다.

앞에는 소년과 소녀가 무릎을 꿇고 있다. 그들은 빈손이다. 선물을 가져올 형편이 못 되었다. 검은 옷을 입은 소년은 자기 마음을 아기에게 내어드리고 있다. 그것은 소년이 아기에게 드릴 수 있는 최상의 선물이다. 소녀는 두 손 모아 하느님의 아기에게 경배한다. 아이들은 우리 모두를 의미한다. 하느님 앞에서 우리는 이 어린아이와 같다. 우리는 많은 것을 드릴 수 없다. 그러나 우리는 늘 우리 마음을 드릴 수 있으며, 하느님께 경배하기 위하여 기도할 때 두 손을 모을 수도 있다. 진심으로 그리스도의 탄생에 감격할 때, 그리스도 앞에서 경배하며 넙죽 엎드릴 때, 우리는 아이처럼 되고 우리 삶은 새로워진다. 성탄절에는 우리가 새로 태어나는 것이 중요하다. 예수께서는

우리 마음 안에서 새로 태어나기를 원하신다. 안젤루스 실레시우스Angelus Silesius는 이것을 유명한 시구로 표현했다: "그리스도가 베들레헴에서 천 번을 태어났어도 네 안에서 태어날 수 없다면 너는 영원히 몰락할 것이다."

성탄절에는 그림이 필요하다. 나는 사랑하는 사람들이 보내준 성탄 카드를 내 책상 위에 전시하지 않고 지내는 성탄절을 상상할 수가 없다. 그림마다 나는 다른 느낌을 가진다. 그림마다 내 안에서 새롭게 완성되기를 원하는 강생의 신비를 표현하고 있다. 에기노 바이너트의 그림은 그림 속 인물들의 몸 동작에서 우러나오는 진지함으로, 경배하는 목동과 아이들의 얼굴에 어리는 기쁨으로 내게 말을 건다. 그림을 보고 있노라면 그림은 내 안에서 고요해진다. 내게 하늘이 열리고 하느님께서 내 삶 속으로 들어오신 것을 내가 곧 안다. 하느님은 내 마음의 외양간에서, 나의 내적 혼돈 속에서, 나의 어둠 속에서 새로 태어나셨다. 하느님께서 내 안에서 새로 태어나시면 모든 것이 내 안에서 새롭게 되고, 나는 내 과거에 구속되지 않는다. 나는 충만한 삶에 대한 오래된 꿈을 새로 꾸어볼 엄두를 내보기도 한다. 그러면 내 삶에도 별이 빛날 것이다.

3. 동방 박사의 경배

마태오는 동방에서 새로운 왕의 별이 떠오른 것을 보고 예루살렘으로 길을 나선 점성가 세 사람에 관해 말한다. 민간신심은 점성가를 세 명의 왕으로 만들었다. 이 통속적인 해석을 심층심리학적 성서 해석으로도 이해할 수 있겠다. 왜냐하면 심층심리학적 성서 해석은 원형상을 가지고 작업하기 때문이다. 삼(3)은 전체성을 나타내는 숫자이다. 인간을 형성하는 세 영역이 있다: 머리와 가슴과 배이며, 생각하기와 느끼기와 생명력이다. 어떤 철학자들은 인간을 육체와 영혼과 정신으로 나눈다. 또 다른 철학자들은 이성과 의지와 기억력으로 나눈다. 인간을 온전하게 만드는 힘은 항상 세 가지이다. 동화 속에서는 항상 세 명의 왕자가 자신들의 과제를 해내기 위하여 집을 나선다. 하느님의 아기에게 경배하려고 길 떠나는 왕도 세 명이다. 변화되기 위해서 우리는 생의 긴 여정을 견디고 온 힘을 다해 인간이 되신 하느님을 경배하여야 한다. 그래야만 우리 안에 새로운 탄생이 이루어진다. 그것이 바로 왕들이다. 왕은 다른 사람의 지배를 받지 않고 스스로를 지배하는 인간을 상징한다. 왕은 완성을 향해 가는 모든 인간을 의미한다.

사랑의 황금을 가져온 늙은 왕이 있다. 에기노 바이너트는 황금을 왕관으로 표현한다. 왕관은 인간의 존엄성을 반영한다. 우리 안의 오랜 관습과 양식이 변화될 수 있기 위해서는 우리가 소유하고 집착하는 모든 것을 하느님의 아기에게 바쳐야 한다. 늙은 왕은 경배의 몸짓 덕분에 내적으로 젊어진다. 우리 마음의 황금을 내줄 수 있는 사랑은 우리를 젊게 만든다. 이 사랑 없이는 젊은 우리 자신도 점점 늙어가고 굳어질 것이다. 붉은 수염이 난 둘째 왕은 향로를 손에 들고 있다. 그는 그리움의 유향을 선물로 바친다. 그의 그리움은 마리아가 무릎에 안고 있는 하느님의 아기로 인해 충족된다. 이로써 그는 그리움의 여행길이 보람있었다는 것을 알게 된다. 사람이 되신 하느님은 절대적인 사랑과 안전과 궁극적인 고향에 대한 그의 그리움을 채워줄 수 있었다. 붉은 수염은 열정적인 인간의 상징이지만 사실 그의 가장 깊은 그리움은 하느님께 향하고 있다. 그래서 그의 열정은 변화될 수 있다.

검은 수염의 셋째 왕은 몰약이 담긴 녹색 그릇을 가져왔다. 몰약은 어쨌든 아픔의 징표이다. 중요한 것은 우리의 사랑과 그리움뿐 아니라 상처와 아픔도 하느님께 바치는 일이다. 그것들은 때로 우리가 가진 것 가운데 제일 값진 것이기도 하다. 내가 화해한 상처는 값진 진주가 될 수 있다. 이 진주들은 우리가 쌓아놓을 수 있는 어떤 재산보다 값진 것이다. 전설에 의하면 몰약은 낙원에서 온 약초이기도 하다. 우리의 상처들은 하느님의 아기에게 내맡김으로써 치유될 수도 있다. 예수 그리스도 안에서 낙원은 우리의 지상으로 되돌아온다. 예수 그리스도께서 사시는 곳에서는 모든 것이 건강하고 우리는 그곳에서 근원을 접한다. 하늘과 땅, 하느님과 인간, 인간과 피조물 사이의 낙원을 지배하는 조화와 접한다. 그래서 세 명의 왕은 모두 선물을 가져와 아기에게 경배한다. 엎드려 경배하는 가운데 그들은 긴 여행의 목적지에 도착한다. 하느님의 아기를 안고 있는 마리아 앞에서 고향을 체험한다. 신비가 있는 곳에서 그들은 본향에 온 듯한 느낌을 받는다.

4. 예수님의 세례

옛 전례 전통은 1월 6일에 동방 점성가의 예방뿐 아니라 예수님의 세례와 가나의 혼인잔치도 기념하였다. 오늘날 교회는 주님의 세례 축일을 주님 공현 대축일 다음 일요일에 지내고 이로써 성탄절을 마감한다. 전에는 성탄절이 2월 2일의 성모 정결례까지 계속되었다. 에기노 바이너트의 그림에서 예수님은 허리께까지 요르단 강물 속에 잠겨 있다. 반면에 세례자 요한은 땅 위에 서 있다. 위에서 내려온 예수님 위로 하늘이 열린다. 이것은 그리스도교적 삶의 역설이다. 내려옴을 통해서 하느님께로 올라간다. 예수님의 몸이 인간들의 죄로 가득찬 요르단 강물 속에 아주 깊이 가라앉는 동안 위에서는 하늘이 열리고 한 목소리가 울려퍼진다: "너는 내 사랑하는 아들, 나는 너를 어여삐 여겼노라." 이는 우리가 받는 세례의 신비이기도 하다. 물이 아이에게 부어진다. 위에서 하늘이 열리는 동안 아이는 "너는 내 사랑하는 아들, 내 사랑하는 딸이다"라는 말을 들으며 조건없는 존재의 권리를 체험한다.

예수께서는 알몸으로 요르단 강물에 들어가신다. 그는 자신이 하느님이라는 사실에 집착하지 않는다. 그는 이미 세례를 받으며 자신을 포기하고, 자기 죄를 씻기 위해 요르단 강에서 세례받는 사람들과 연대감을 가지게 된다. 예수에게는 죄가 없다. 그러나 요르단 강에 몸을 담그면서 인간의 죄에 당신을 담그고 그 죄를 떠맡으신다. 하늘로부터 나타난 하느님의 손이 인간들에게 당신 아들을 맡기신다. 하느님께서 당신의 사랑하는 아드님을 인간들의 손에 건네주신다. 이렇게 십자가의 세례는 이미 예시되었다. 예수께서 당신의 세례가 다 이루어질 때까지 애가 탈 것(루가 12.50 참조)이라고 루가 복음서에서 말씀하신 대로다. 그러나 하느님께서는 손을 벌려 인간들에게 예수님을 건네주기만 하시는 것이 아니라 예수께 성령도 선사하신다. 그리하여 성령의 힘을 입은 예수께서는, 치유하고 해방시키는 하느님의 때가 가까이 왔다는 복음을 인간들에게 선포하신다.

예수께서는 두 손을 가슴 위에 교차시키고 계시다. 예수께서는 당신한테 일어나는 일을 그대로 허용하신다. 그리고 이 몸짓으로 하느님께서 친히 그에게 역사하시고, 아버지께서 그를 요르단 강물

에 담그신다는 것을 표현한다. 그 강물은 전형적으로 인간의 죄를 나타내기도 하지만 피조물의 요소를 나타내기도 한다. 하느님께서는 온갖 피조물들이 성화聖化되기를 바라시어 육화된 당신 아들을 친히 피조물 속으로 내려보내신다. 스스로 요르단 강 속으로 내려감으로써 예수께서는 세상의 모든 요소들을 성화시키신다. 이제는 어디서나 하느님을 발견할 수 있다. 하느님의 영광과 사랑을 위해서 이제는 모든 것이 형통할 수 있다. 하느님이 강생하신 후 우리는 당신을 온 피조물에서, 온갖 동식물과 모든 사람 안에서 만난다. 이 그림에서 화가는 이것을 예수님 머리 둘레의 하얀 후광으로 표현하고 있다. 예수님의 손길이 닿는 곳마다 모든 것이 빛나기 시작한다. 그래서 그림은 우리가 우리 자신의 세례를 상기하도록 해준다. 그때 우리는 예수님과 함께 요르단 강물 속으로 들어갔다. 말하자면 우리 자신의 죄에 몸을 담갔던 것이다. 그때문에 우리의 세례가 빛나기 시작한다. 세례는 용서하시는 하느님을 기억하게 한다. 하느님께서는 여전히 우리 죄를 변화시킬 수 있으시다. 세례 때 우리는 그리스도와 함께 부활하기 위하여, 부활하신 그리스도의 신적 영광을 함께 누리기 위하여 그리스도와 함께 묻혔다.

5. 가나의 혼인잔치

가나의 혼인잔치는 강생의 신비를 나타낸다. 이 이야기에서 복음사가 요한은 하느님께서 당신 아들의 육화를 통해 친히 우리와 결혼하신다는 것을 말하려고 한다. 하느님께서는 당신 자신과 우리를 마치 신랑 신부처럼 결합시키신다. 이것은 우리 삶에 새로운 맛을 부여한다. 하느님께서 예수 그리스도 안에서 육화됨으로써 우리 삶의 무미한 물은 맛좋은 포도주로 변한다. 교부들은 가나의 혼인잔치를 예수께서 율법이라는 물에 복음의 단 포도주를 맞세우신 것으로 이해한다. 그 포도주 때문에 우리 마음이 기쁘다.

에기노 바이너트는 가나의 혼인잔치를 넉넉한 사랑으로 자세히도 그렸다. 신랑의 손은 신부의 어깨를 다정히 감싸안았고 눈부신 흰옷의 신부는 신랑에게 얼굴을 맞대면서 애교를 떨고 있다. 포도주를 맛보는 하객들도 보인다. 그리고 앞쪽에 마리아와 예수님이 계시다. 그리움의 푸른 옷을 입은 마리아는 깍지를 낀 채 아들에게 부탁하기를, 포도주가 떨어졌는데 혼주를 어떻게 도울 길이 없겠냐고 한다. 마리아의 얼굴은 아들이 도와줄 거라는 믿음에 차 있다. 거절하시는 예수님의 대답을 그림에서는 전혀 느낄 수가 없다: "저더러 어쩌라고요? 아직 저의 때가 오지 않았습니다"(요한 2.4). 예수께서는 펼친 손으로 여섯 개의 오지항아리를 가리키신다. 두 개의 항아리는 붉은 색이고 다른 네 개는 검은 색이다. 여느 때는 식사 전에 손 씻는 물을 담아두는 항아리다. 지금은 그 항아리들이 비어 있다. 예수께서는 그 항아리들에 신선한 물을 가득 채우게 하신다. 마리아와 예수님보다 작게 그려진 주방장은 물맛을 보러 커다란 숟가락을 가지고 왔다. 마치 주방장이 막 한 모금 머금고 그 맛을 음미하고 있는 듯한 인상을 준다. 여기서 화가는 과연 예수께서 혼인잔치를 난처한 지경에서 벗어나도록 해주셨는지 않았는지를 결정하는 긴장된 순간을 포착한다.

그러나 이것은 그림의 차원일 뿐이다. 다른 차원은 하느님과 인간 사이의 결혼이라는 신비에 대해 말하고 있다. 하느님께서 사람이 되어 우리와 결합하신다면 우리 삶은 새로운 맛을 얻게 된다. 여기 두 쌍이 있다. 신랑과 신부가 있고 앞쪽에 예수님과 마리아가 있다. 신부는 기도하듯 두 손을

깍지 끼고 있다. 이로써 그녀는 자신이 성스러운 일에 관여하고 있으며 하느님께서 친히 그녀와 결합하신다는 것을 표현한다. 신부의 흰 면사포는 다섯 송이의 붉은 장미로 장식되었다. 다섯은 인간의 숫자이다. 오순절의 50은 인간의 성숙한 열매를 나타낸다. 하느님께서 인간과 결합하셔야만 인간은 하느님께서 당신 모습대로 만드신 형상이 된다.

신랑과 신부가 흑백으로 그려진 반면 예수님과 마리아는 빨강 파랑의 각기 다른 원색 옷을 입고 계시다. 파랑은 하늘을, 빨강은 사랑을 갈망하는 색이다. 하느님께서 강생하실 때 하느님의 사랑이 사람에게로 내려앉았다. 인간은 갈망에 겨워 하느님께 속마음을 털어놓는다. 이것이 인간을 변화시키고 삶에 새로운 단맛을 부여한다. 포도주는 도취와 황홀을 불러일으키고, 이를 통해 인간을 하느님과 일치시킨다. 디오니소스는 포도주와 도취의 신이다. 디오니소스 축제인 1월 6일에 세 항아리의 물을 신전에 갖다 두는 것은 디오니소스 신이 물을 포도주로 변화시키도록 하기 위해서였다. 요한은 복음을 통해, 그리스인들이 디오니소스의 축제에서 표출했던 갈망을 그리스도께서 채워주신다는 것을 우리에게 전하고자 한다. 그것은 온전한 새 삶에 대한 갈망, 하느님께로 빨려드는 황홀에 대한 갈망이다. 이 황홀경 속에서 우리는 스스로를 극복하고 하느님과 무르녹아 하나가 된다.

6. 성전에 봉헌되시는 예수님

2월 2일은 주님 봉헌 축일이다. 전에는 이날을 "성모 정결례"라고 했다. 유대교의 관례에 따르면 출산한 지 40일 된 산모는 성전에 나아가 몸을 정결히 하는 의식을 치르도록 되어 있었다. 산모 혼자 성전에 나타나기로 되어 있는 이 관례를, 루가는 첫아이를 하느님께 봉헌하는 것과 관련짓는다. 가난했던 마리아와 요셉은 어린 집비둘기 두 마리를 제물로 가져왔다. 보통 일년생 양을 제물로 바치도록 되어 있었지만 그럴 형편이 못 되었다. 이때 성전에는 나이 많은 시므온과 예언녀 안나도 있었다. 두 사람은 아기에 대해 예언한다. 화가는 들어올린 손의 모양새로 두 예언자의 언약을 표현한다. 요셉이 새장 속의 비둘기를 들고 있고 제사장은 어머니로부터 아기를 받는다.

이 축일날, 전례는 당신의 영광으로 성전을 채우러 오시는 주님을 촛불 밝혀 맞는다. 이 그림에서 네 개의 뿔이 달린 제단은 그리스도께서 당신 성전으로 오심을 묘사하고 있다. 600년경 예루살렘의 소프로니오가 이 축일을 맞아 설교한 내용이 그림을 설명해 준다: "동정이신 천주의 성모 마리아께서 참된 빛을 팔에 안고 죄업의 늪과 죽음의 어둠 속에 있는 사람들 곁에 계셨던 것처럼, 우리도 그분의 빛을 받으며 모든 이를 비추시는 빛을 손에 들고 진실로 빛이신 그분을 향해 서둘러 가기 원하노라." 마리아는 빛이신 하느님의 아기를 두 팔에 안고 있다. 빛은 두 예언자의 검은 옷이 상징하는 인간의 어둠을 밝혀 준다. 이 축일에 우리는 시므온이 그랬던 것처럼 그리스도를 감싸안아야 한다. 그리고 옛 그레고리안 저녁기도가 노래하듯이 그리스도를 왕으로 받들고 하늘의 문이신 마리아를 정성스레 모시기 위하여 우리의 신방을 꾸며야 한다. 그림을 보는 동안 우리는 그리스도를 우리 영혼의 성전으로 모시고 스스로 하늘나라의 신방이 된다.

연로한 시므온은 하느님의 아기를 두 팔로 받아 안고 유명한 시므온의 노래를 부르기 시작한다. 이 노래로 교회는 끝기도를 마친다: "주재자님, 당신 말씀대로 이제야 당신 종을 평안히 풀어주시나이다. 과연 제 눈으로 당신 구원을 보았사오니 이는 친히 모든 백성 앞에 마련하신 바, 이방 민족들에게는 계시하는 빛이요 당신 백성 이스라엘에게는 영광이로소이다"(루가 2.29-32). 요한 세바스

티안 바하는 칸타타에서 이 노래말에 아름다운 음률을 붙였다: "나는 족하네. 구세주, 믿는 자의 희망을 열망의 팔로 안았네. 나는 족하네! 그분을 보았네, 내 믿음이 예수를 마음 깊이 새겼네." 우리가 시므온처럼 예수님을 마음에 새기고 예수님과 더불어 "나는 족하네"라고 노래할 수 있도록 마리아는 아기를 우리에게 내어밀고 있다.

마리아 뒤에는 여든네 살 먹은 과부 안나가 반쯤 가려진 채 서 있다. 그녀는 예언녀로서 "예루살렘이 속량되기를 기다리는 모든 이에게"(루가 2.38) 아기의 의미를 이야기했다. 우리 모두가 유일한 존재임을 안나는 우리에게 말하고 싶어한다. 하느님께서는 우리에게 특별한 것을 계획하신다. 누구나 자기 나름대로 이 세상에서 하느님을 그려내야 한다. 이 축일과 함께 성탄 시기가 끝나고 우리는 한 해를 시작한다. 성탄 시기는 매년 새로이 하느님의 참 모습을 만나게 한다. 우리 각자가 바로 하느님의 참 모습이다. 그리고 성탄 시기는 매년 새로운 것에로 우리를 초대한다. 우리 자신의 예언자적 소명을 다하며 살아라 권한다. 이는 하느님께서 우리를 통해서만 지상에 전하실 수 있는 말을 우리가 세상에 하기 위함이다.

II. 부활 시기

1. 게쎄마니 동산의 예수님

예수께서 제자들과 함께 해방절 음식을 잡수신 후 그들과 올리브 산으로 가셨다. 예수께서는 고통의 잔을 거두어달라고 아버지께 고뇌에 찬 기도를 올리신다. "그러나 제 뜻이 아니라 아버지의 뜻이 이루어지게 하소서"(루가 22.42). 예수께서는 눈앞에 다가온 위기를 두려워하신다. 유대인들이 당신을 로마인들에게 넘길 것이고, 로마인들은 당신을 십자가형에 처하리라는 것을 아신 까닭이다. 히브리인들에게 보낸 편지에 적나라하게 드러나 있듯이, 예수께서는 하느님의 아들이기도 하셨지만 온전히 인간이셨기에 먼저 순종을 배워야 했다: "그분은 아드님이지만 고난을 겪음으로써 복종을 배우셨습니다"(히브 5.8). 루가는 예수께서 두려움 속에서 끊임없이 기도하셨고 "땀이 마치 핏방울처럼 땅에 떨어졌다"(루가 22.44)고 묘사한다. 화가는 게쎄마니 장면을 루가 복음서에 따라 그렸다. 그래서 땀방울이 피가 되었다. 그림 속의 예수님은 두려워하는 모습으로 그려져 있다. 그러나 예수님은 천사가 건네는 잔을 받아들일 준비도 되어 있다. 이는 아버지께 순종하면서 마시는 고통의 잔일 뿐 아니라 루가가 이해한 것처럼 활력의 잔이기도 하다: "그때 천사가 하늘로부터 나타나 기운을 북돋아 드렸다"(루가 22.43).

예수께서 아버지께 고뇌의 기도를 올리고 천사로부터 힘을 얻는 동안 제자들은 자고 있다. 그림에는 제자들 위로 아치형 동굴이 있다. 그들은 잠의 동굴 속으로 숨어들어 아무것도 보고 들으려 하지 않는다. 스승은 극도의 곤경에 빠져 있는데 그들은 잠으로 도피했다. 그림은 잠을 자궁처럼 묘사했다. 그곳은 우리가 숨을 수도 있고 삶의 어려움으로부터 보호받을 수도 있는 곳이다. 하느님께서는 당신의 자궁으로 빠져드는 듯한 잠을 기꺼이 허락하시지만 지금은 적절한 상황이 아니다. 누군가 고통당하고 있는 곳에서 그 사람의 두려움과 아픔에 눈감아서는 안된다. 그러나 우리도 늘 세 제자처럼 그렇게 행동한다. 화가는 제자들을 단연코 연민의 필치로 그리고 있다. 가운데 제자는 기도하느라고 깍지 꼈던 손으로 피곤한 듯 턱을 고이고 있다. 그러니까 기도하다가 깜빡 잠이 들었던 것이다. 하지만 기도는 그를 깨우지 못했고 그를 눈뜨게 할 수 없었다. 오히려 기도하다가 잠들었다. 그는 자기를 약간 속였다. 자신을 에워싸고 있는 냉혹한 현실에 눈감아버릴 요량으로, 기도하

는 가운데 안정을 찾으려 했던 것이다. 푸른 옷의 제자는 깊은 생각에 잠겨 뒤에 기대고 있다. 그는 심사숙고했다. 그러나 깊은 생각에 잠기다 보니 졸게 되었고, 졸다 보니 잠들게 되었다. 그는 현실과 맞서고 싶지 않았다. 셋째 제자는 고개를 앞으로 떨구고 있다. 그는 자기에게 푹 빠져 버렸다. 더이상 진전되지 않는 골똘한 생각과 자기 자신에 스스로 몰두해 있다.

그래서 예수께서는 홀로 깨어 기도할 수밖에 없다. 제자들과 함께 있어도 외롭다. 당신이 마셔야 할 잔이 두렵고 자신을 도울 수 없는 무력함이 서글프다. 기도하면서 자신을 아버지께 맡긴다. 하여, 두려움 속에서도 해방과 신뢰를 체험한다. "하느님은 그 경외심 때문에 들어주셨습니다"(히브 5,7). 이제 예수께서는 당신의 고통과 죽음을 받아들이실 수 있다. 떨치고 일어나 신뢰에 넘쳐 죽음을 향해 나아가실 수 있다. 죽음은 당신을 생명으로 이끌어주며 우리에게도 구원을 가져다줄 것이다. 바야흐로 예수께서는 우리가 생명을 넘치게 얻도록 우리를 위해 당신을 바칠 준비를 마치셨다(요한 10,10 참조).

2. 베로니카를 만나심

십자가의 길은 우리가 즐겨 하는 기도형식이다. 14처가 모두 성서에 나오지는 않지만, 신자들은 14처를 통해 예수님의 수난을 묵상하고 자신의 삶과 관련시켜 보기도 한다. 고통의 14처가 있다면 14명의 구원자도 있다. 거룩한 숫자 7을 확실하게 두 번 걸어 지나감으로써 사람들은 같은 방식으로 자신들의 상처가 치유되는 것을 경험한다. 이 십자가의 길 14처에서 묵상할 수 있는 것은 고통의 원형상들이다. 에기노 바이너트는 자신의 영성을 그림으로 표현하는데 전례적 전통에 깊은 애정을 지니고 있으면서 민간신심에도 대단한 친근함을 느꼈다. 그래서 즐겨 십자가의 길을 그렸다. 우리는 이 14처 중에서 2처를 묵상할 것이다.

십자가의 길을 갈 때 예수께서 베로니카를 만나는 사건은 성서에는 나오지 않는다. 이는 옛 전설에 불과하다. 그러나 때로는 전설이 매우 심오한 진리를 표현하는 법이다. 제자들이 유대인과 점령국 로마가 두려워 도망 다닐 때 예수님의 마지막 길을 동행해 준 용감한 여인들이 있었다. 복음사가들 중 우리에게 이 사실을 알려주는 이는 오직 루가뿐이다. 루가는 예수께서 갈릴래아를 지나가실 때 열두 제자들말고도 몇몇 여인들이 예수님을 따랐다고 전하고 있다. 예수님은 그들의 병을 고쳐 주었고 그들은 예수님을 재정적으로 후원해 주었다. 베로니카도 예수님이 가는 곳마다 좇아다니는 이 여인들 가운데 하나였음이 분명하다. 그녀는 도망가지 않았다. 그녀는 십자가를 골고타까지 메고가라고 예수님을 다그치는 로마 군인들의 정면에 나선다. 화가는 투구를 쓴 군인을 그렸다. 이 투구는 오늘날의 통상적인 군복에 딸린 철모를 연상시킨다. 견고하게 조직된 군권 앞에서 평범한 여인 베로니카는 그저 무력할 따름이다. 예수께서는 그 군권의 톱니바퀴 속으로 빠져들었다. 그러나 베로니카는 자신의 무력함에 아랑곳하지 않고 자기가 할 수 있는 것을 행한다. 그녀는 과감히 군중 속을 뚫고 지나간다. 그녀를 예수님으로부터 멀리 떼어놓으려는 군인들을 무시한 채 예수님께 다가가, 땀 닦을 크고 하얀 수건을 예수님께 건네드린다. 그녀는 군인들의 살벌한 세계에서도 당당히 동정의 몸짓을 드러낸다. 그리고 보상받는다.

예수께서 얼굴의 땀을 닦고는 수건을 돌려주신다. 예수님의 얼굴이 수건에 새겨졌다. 예수께서 이 용감한 여인의 자비로운 행동에 보답하신 것이다. 예수께서는 당신의 얼굴을 선사하심으로써 그 얼굴에서 빛나는 사랑이 가는 곳마다 그녀와 동행하게 되었다. 이제 베로니카에게 땀수건은, 그녀가 십자가의 길에서 예수님을 만났고 예수님은 극심한 어려움 속에서도 사랑을 잃지 않는 분이셨다는 추억으로 남는다. 예수님의 얼굴은 고통 속에서도 경직되거나 일그러지지 않았으며, 다정하고 자비롭고 온화하다. 예수님의 얼굴에서 베로니카는 무력한 사랑이 권력자의 증오를 이긴다는 것을 알아차린다. 그리고 이 사랑을 믿는다. 이 사랑은 우리의 고통까지도 하느님과 사람에 대한 애정 깊은 헌신의 방도로 변모시킬 수 있다. 베로니카는 부드러운 사랑의 힘으로 권력자의 폭력에 맞설 용기를 지닌 모든 이를 대변한다. 그녀는 사랑이 폭력보다 강하고 사랑의 흔적이 권력자의 어떤 행위보다도 오래 간다는 희망의 표징이다.

3. 십자가를 지고 넘어지심

십자가의 길에서 예수께서는 세 번 땅에 넘어지신다. 신자들은 예수께서 무기력하게, 그것도 한 번이 아니라 연거푸 넘어지시는 이 그림을 틀림없이 좋아할 것이다. 이는 또한, 갖은 애를 다 써봐도 거듭 넘어질 수밖에 없었던 우리의 경험이기도 하다. 우리가 끝내 죄악을 이겨내리라는 것을 우리의 의지가 보장해 주지는 않는다. 하느님과 인간에게 한 오만 가지 약속에도 불구하고 늘상 좌절과 실패만을 거듭한다는 걸 체험하기가 고통스럽다. 우리가 애써 일구어 놓은 삶의 구조 전체가 허물어져 내린다. 그래도 우리는 매번 이를 악물고 우리의 잘못과 용감하게 맞서 싸우려고 마음먹는다. 하지만 우리가 또다시 넘어졌다는 것을 인정하지 않을 수 없다. 십자가의 길에는 예수님이 십자가 무게를 못이겨 땅바닥에 넘어지시는 데가 세 곳 있다. 십자가의 길에서 이 세 곳을 묵상한다면 우리에게 적잖은 위로가 될 것이다.

그림에서 예수께서는 얼굴이 땅에 닿을 만큼 심하게 넘어지셨다. 십자가 무게에 짓눌려 허리가 몹시 꺾였다. 키레네 사람 시몬이 예수님을 도와 십자가를 대신 메지만, 그래도 넘어지신다. 힘센 시몬도 예수께서 거꾸러지는 것을 막을 수가 없다. 그렇다고 극도로 쇠약해진 예수님을 그냥 내버려둘 수도 없는 노릇이다. 시몬이 예수님을 다시 부축해 일으키려 하는데 병사는 뒤에서 이를 무덤덤하게 바라보고만 있다. 그 병사가 쥐고 있는 흰 두루마리에는 분명 그가 맹목적으로 따르는 명령이 적혀 있을 것이다. 군인과 정권의 주구走狗들은 언제나 명령만 앞세운다. 그러기에 어느 시대나 민중들은 고통당할 수밖에 없었다. 명령을 핑계로 내세우다 보면 마음은 냉혹해지고 감정은 무뎌지기 쉽다. 자기들 눈앞에서 스러져 가는 사람들을 덤덤히 바라볼 수 있었던 것은 오직 그들이 무감각해졌기 때문이다. 병사는 흰 두루마리 명령서를 손에 쥔 채 자신은 죄가 없다고 생각한다. 그의 양심은 깨끗하다. 명령을 빙자해 변명하는 것이 그렇게 사악할 수 있다는 것을 화가는 이 흰 두루마리를 통해 보여주고 싶어한다.

시몬 뒤에는 율법학자들과 바리사이들이 분명한 남자 셋이 서 있다. 여기에서도 한 사람이 흰 두루마리를 손에 들고 있다. 그것은 명령서가 아니라 성서. 그는 성서를 근거로 내세우지만 성서의 정신과는 정반대로 행동한다. 이것은 오늘날도 마찬가지다. 다른 사람들을 가혹하게 대하면서도 이런 행위 역시 하느님의 명에 따라 해야 한다고 생각하는 경건주의자들이 많다. 그들은 다른 사람들을 공동체에서 쫓아낼 때조차 하느님을 내세우곤 한다. 다른 사람들의 넘어짐에 격분하고 또 그렇게 하는 것이 하느님의 뜻을 드높이는 것이라 믿는다. 그림 왼쪽 가장자리에 있는 남자는 손에 지팡이를 들고 있다. 그는 지휘관임이 분명하다. 다른 사람들을 지휘하고 이끌어야 할 사람이다. 그러나 여기서 그는 지휘하지 않는다. 오히려 자기 지팡이에 고착되어 있다. 많은 사람들이 자신의 지위에만 집착함으로써 주변 사람들의 몰락을 부추긴다. 화가는 이 그림을 통해 우리 사는 세상 형편을 보여준다. 명령이나 성서나 지위만 내세우는 사람들이 세상에는 너무도 많아, 굴종하고 억압받는 사람들 또한 헤아릴 수 없이 많다. 많은 이들이 두루마리만 움켜쥐고 있으니 남을 도울 손이 없다. 그래서 사람들이 좌절한다. 예수님을 다시 일으켜 세우기 위해 두 손을 뻗치는 시몬 같은 이들이 더 필요하다.

연거푸 넘어지셨던 예수님은 우리가 넘어질 때 우리 스스로를 탓하지 않도록 지켜주신다. 우리는 넘어져도 된다. 어차피 몇 번이고 넘어지게 될 것이다. 우리 스스로에 대해 보장할 수 있는 것이라고는 아무것도 없다. 중요한 것은 다만, 쓰러진 채 있지 않고 다시 일어서는 것이다. 그리스도께서 우리를 다시 일으켜 세우시도록 맡겨 드리는 것이다.

4. 십자가 아래의 마리아와 요한

어머니 마리아와 애제자가 십자가 아래 서 있었다는 사실을 전해주는 사람은 복음사가들 중에서 요한뿐이다: "예수께서 어머니와 곁에 서 있는 사랑하시던 제자를 보시고, 어머니에게 말씀하셨다. '보십시오, 어머니의 아들입니다.' 그리고 제자에게는 '보시오, 그대의 어머니시오' 하셨다. 그때부터 그 제자가 그분을 자기 집에 모셨다"(요한 19,26-27). 수백 년 동안 성서학자와 신학자들은 예수님이 하신 이 말씀의 의미를 두고 고민해 왔다. 여기서 마리아는 구약에서 메시아를 기다리는 하느님 백성의 모든 지파를 대표하며, 예수님의 애제자는 예수전승의 증거자들, 즉 예수님을 믿는 모든 사람들을 대표한다. 아무튼 예수님의 말씀은 당신 어머니에 대한 순수한 인간적인 염려 이상의 것을 내포하고 있는 듯하다. 예수께서는 당신을 믿는 모든 사람들을 어머니와 결합시키고 싶어하신다. 그 모태에서 당신이 태어나셨고 모든 그리스도인들도 다 그 모태에서 나왔다. 이는 예수님 개인의 모태일 뿐만이 아니라 믿음으로 계약을 맺은 이스라엘의 모태이기도 하다. 복음사가 요한은 예수께서 공생활을 시작하신 시점부터 마리아에 대해 언급한다. 그때 마리아는 예수께 물을 포도주로 변화시켜 주기를 부탁하신다. 지금 십자가 아래에 선 그녀는 다시 변화의 어머니다. 예수님의 옆구리에서 피와 물이 흘러나올 때 하느님의 성령이 우리 모두에게 쏟아진다는 것을 증거하시는 증인이다. 마리아는 신적인 삶이 우리 안에 흘러들어와 우리 삶에 새로운 맛을 주게끔 하느님께서 예수 그리스도를 통해 우리 모두에게 불러일으키고 싶어하시는 변화의 어머니이자 증인이다.

요한은 예수님의 옷을 서로 나누어 가지는 네 병사와 십자가 밑에 서 있는 네 여인을 대립시킨다. 십자가가 사방을 가리키듯, 예수님의 말씀을 믿음으로 받아들이고 죽는 날까지 예수님께 신실했던 네 여인 역시 그러하다. 그 중에서도 예수님이 당신 어머니께 쏟는 마음은 더욱 각별하다. 때문에 당신이 사랑하는 제자를 격식을 갖추어 어머니께 맡기신다. 당신이 사랑하시고 당신의 사랑에 힘입어 살아가는 우리 모두를 맡기신다. 그림에서 마리아도 애제자도 기도하는 모습으로 그려졌다. 마리아는 카타콤바의 오란테(초기 그리스도교 예술작품에 등장하는, 양손을 펴들고 기도하는 모습)처럼 양손을

펴들고 기도한다. 펼친 두 손은 하느님의 사랑과 은총을 받아들일 준비가 되어 있다. 마리아는 받아들이는 여인이다. 출산 때도 하느님 말씀에 열려 있어서 말씀으로 수태했듯이, 십자가 아래 서 계신 지금도 사랑에 열려 있다. 그 사랑은 예수께서 완성에 이르실 때까지 당신을 믿는 사람들에게 증거해 보이신 사랑이다. 우리도 마리아처럼 십자가 밑에서 손을 활짝 펴들고 서 있어야 하리라. 이런 기도 자세는 십자가에 매달린 예수님의 자세와도 상응한다. 이 기도 자세에서 우리는, 예수님의 열린 마음으로부터 우리 안으로 흐르는 하느님의 사랑에 마음을 연다. 그리하여 우리의 신성을 일깨우고 우리 자신을 변화시킨다.

애제자는 두 손을 깍지 낀 채 기도드린다. 이 자세는 기도의 또 다른 방법이다. 올리브 산 위의 예수께서 아버지와 고투를 벌이신 것처럼 하느님과 맞서 싸우는 기도이다. 마리아의 받아들이는 자세와 애제자의 분투하는 자세, 이 양 극단이 모두 우리 그리스도인의 일부다. 사랑이 십자가 위에서 완성되어 우리와 만날 때 우리 안으로 스며들 수 있도록 늘 손을 펴들고 있어야 한다. 그리고 우리가 받아들인 사랑이 온갖 미움을 이겨내고 세상에서 확고히 자리매김할 수 있도록 우리는 이 사랑에서 출발하여 세상 속으로 들어가야 한다. 가서 세상과 맞서 싸워야 한다. 십자가상의 예수님의 죽음은 요한에게 — 여기서는 에기노 바이너트에게 — 속죄와 희생이 아니라 지극한 하느님 사랑의 표현이다: "그동안 세상에서 사랑해 온 당신 사람들을 끝까지 사랑하셨다" (요한 13,1).

5. 십자가에 못박히심

에기노 바이너트는 수많은 십자가를 그렸다. 풍요로운 그리스도교 전통은 십자가를 가지각색의 방법으로, 이를테면 생명의 나무로, 승리의 십자가로, 은총의 옥좌로, 축복의 십자가로 표현해 왔다. 바이너트는 이러한 전통이 오늘을 사는 우리에게도 생생히 다가오도록 해주었다. 많은 작품들 중에서 나는, 성서적 십자가 신학을 가장 뚜렷하게 표현해 주었다고 생각되는 십자가 하나만을 골랐다. 여기서 예수님은 끔찍한 고통 속에 죽어가는 사람이라기보다는 오히려 사랑 가득한 사람으로 묘사되고 있다. 십자가를 그릴 때 화가가 중점적으로 표현한 것은 죽음의 고통이 아니라 우리 모두를 위해 십자가상에서 바쳐진 사랑이다. 이 그림에서는 예수님이 십자가에 못박혀 고통스러워하는 것이 아니라 거의 춤추는 모습으로 그려져 있다. 마치 사람들에게 당신을 열어놓고 그들에게 당신 사랑을 쏟아부으시는 것만 같다. 옆구리와 손발에서 방울방울 떨어지는 피는 당신의 죽음으로 인해 만민에게 흐르는 사랑의 표현이다. 요한은 이렇게 이해했고, 이 십자가 그림이 주는 바도 역시 그러하다.

요한 복음서를 보면 예수께서 살아 계신 동안에는 당신이 몸소 만나셨던 사람들만을 치유할 수 있었고 그들만을 당신의 사랑으로 일으켜 세우실 수 있었다. 그러나 십자가 위에서의 예수님의 죽음은 그러한 사랑의 경계를 허물었다. 요한은 예수님의 옆구리에서 흘러나오는 피와 물을 성령의 표징으로 보았다. 이 성령을 지금은 만인이 나누어 받는다. 이 성령을 받아들이는 자는 그 자신이 생명수의 강, 다함없이 샘솟는 사랑의 샘이 된다. 예수께서는 이렇게 말씀하셨다: "'생명수의 강이 그의 배에서 흘러나올 것입니다.' 이는 당신을 믿는 이들이 받게 될 영을 두고 하신 말씀이었다. 예수께서 아직 영광을 받으시지 않아서 영이 그들 가운데 계시지 않았기 때문이다"(요한 7.38-39). 예수께서 주시는 성령은 동시에 제자들에게 마지막까지 보여주신 당신 사랑의 영이기도 하다. 부활하신 예수께서는 제자들에게 입김을 불어넣어 주시고 그들에게 당신의 영을 선사하신다. 성령은 그러니까 예수님 자신의 영이다. 사람들한테 다가가 그들을 위로하고 치유하는 예수님 나름의 사랑법이다.

요한의 신학을 바이너트가 그림으로 구현하는 방법은 이렇다: 우선 그림 위쪽에, 당신 아들을 사람들에게 허락하시는 아버지의 손을 그리고, 다음으로 비둘기 형상으로 내려오는 성령을 그렸다. 하느님께서 살 능력도 사랑할 능력도 없던 우리를 당신의 사랑으로 변화시키기 위하여 아들을 우리 인간들에게 내주신다는 것을 아버지의 펼친 손이 보여준다. 요한이 자신의 복음서에 "하느님은 세상을 이토록 사랑하여 외아들을 주기까지 하셨으니, 인자를 믿는 이마다 멸망하지 않고 영원한 생명을 얻도록 말입니다"(요한 3,16)라고 썼을 때 그가 이해한 바는 바로 이것이었다. 하느님께서는 당신 아들을 통해 당신의 가장 사랑하는 것을 우리에게 주신다. 바로 당신 자신이다. 십자가에서 하느님은 인간의 어둠을 당신의 빛으로 밝히시기 위해 분연히 인간의 가장 어두운 곳으로 내려오신다. 우리의 발을 씻겨 주시고 우리가 제일 상처받기 쉬운 곳을, 죽을 수밖에 없는 우리 운명의 허망함을 어루만지고 치유하시기 위하여 우리한테까지 닿도록 몸을 굽히신다. 그래서 십자가는 잔혹의 상징이 아니라 극치에 달한 사랑의 상징이다. 십자가에 못박히신 예수님을 바라보노라면 죽음이 하느님 사랑으로 향하는 문으로 변화됨을 믿게 될 것이다. 십자가 묵상은 우리 마음 깊이 하느님의 사랑을 새겨놓아, 그리스도께서 우리를 사랑하셨듯이 우리도 우리 형제자매들을 사랑할 능력을 우리에게 불어넣어 줄 것이다.

6. 마리아가 아들의 주검을 안으심

아들의 주검을 안고 있는 마리아는 중세 예술가들이 즐겨 다루던 주제였다. 이 그림들은 성 금요일의 저녁기도 때 십자가에서 내려지시는 예수님의 비통함을 묵상하던 전통에서 유래하여 만과그림Vesperbild이라 불리기도 하고, 이탈리아어로 경건함을 뜻하는 피에타Pietá라고 불리기도 한다. 유럽에서 맹위를 떨친 페스트나 젊은 목숨들을 앗아간 전쟁 등의 위기상황에서 생겨난 이 그림들은, 특히 14,5세기 남부 독일에서 큰 사랑을 받았다. 피에타상에서 사람들은 자신의 아픔을 보았다. 그림을 보고 있노라면 아픔은 변화될 수 있었다. 무엇보다 이 그림에서는 잔혹한 죽음이 사람을 위로할 수 있는 방법으로 해석되었다. 죽을 때 우리가 어둠과 미지의 세계로 빠져드는 것이 아님을 피에타는 보여준다. 죽음은 잔혹한 것이 아니라 새로운 탄생이다. 우리는 죽을 때 하느님의 엄마스런 품에 안겨 죽는다. 마리아가 죽은 아들을 사랑스럽게 안듯이 우리가 죽을 때도 하느님의 엄마스런 팔이 우리를 부드럽게 안아주실 것이다. 죽을 때 우리를 새로 낳는 어머니로 하느님을 만나게 될 것이기에 우리는 결코 죽지 않을 것이다.

그림에서 마리아는 팔을 아래로 축 늘어뜨린 예수님의 주검을 무릎에 안고 있다. 한때 아기를 무릎에 앉혔듯이 이제는 주검을 안고 있다. 그녀는 왼팔로 발가숭이 주검을 다정히 감싸안고 오른손은 들고 있다. 마치 자기 아들이, 메시아가, 하느님의 아들이 죽었다는 그 불가해함을 하느님께 내맡기고 있는 듯하다. 손은 하느님을 향해 있다. 이 죽음이 무엇을 위한 죽음일지는 하느님만이 아실 것이다. 하느님만이 이 죽음의 의미를 아신다. 설명할 수 없는 일 앞에서 그녀는 입을 다물 수밖에 없었다. 그러나 그런 일이 일어나도록 하신 하느님께 반항하느라 말문을 닫은 것은 아니다. 오히려 하느님의 신비로운 뜻에 조용히 동의하는 것이다. 그녀는 이 뜻을 이해하지 못한다. 그러나 하느님께서 이 죽음을 생명의 길로 변화시키리라는 믿음으로 모든 것을 묵묵히 받아들인다. 죽음의 신비로 묵상해 들어가기 위해서는 긴 침묵이 필요하다. 여기에는 그 어떤 신학적 설명도 필요없다. 이때 아픔은 유연히, 그리고 천천히 변화될 때까지 견뎌야 하고 침묵은 그 의미가 서서히 밝혀질 때까지 지켜져야 한다.

부활에 대한 인식도 사랑하는 사람을 잃고 슬퍼하는 우리에게는 위로가 되지 않는다. 그래서 마리아의 얼굴은 비애와 고통으로 가득차 있다. 하느님을 향한 손만이 "죽은 이를 살리고 없는 것을 있는 것으로 불러내시는"(로마 4.17) 하느님에 대한 희망을 예감케 한다. 이 그림은 사랑하는 사람의 죽음으로 비통해하는 우리를 위로하고, 하느님께서 사랑을 베푸시는 당신의 팔로 죽음의 순간에 그들을 받아주셨다는 희망과 확신을 갖게 한다. 마리아처럼 우리도 우리가 사랑한 이의 죽음을 하느님께 맡겨, 하느님께서 그들을 당신의 영광 안에 거두어들이도록 해야 한다. 마리아처럼 우리도 사랑하는 이를 떠나 보내고 슬퍼할 수 있다. 그러나 부활 때 하느님께서 하늘의 육신을 그에게 입혀 주시리라는 것도 마리아처럼 믿어야 한다.

피에타 그림은 우리에게서 자신의 죽음에 대한 두려움을 없애 줄 것이다. 마리아 무릎 위에 놓인 예수님의 주검을 바라보노라면 우리도 어느덧 자신의 죽음과 친숙해진다. 그리고 우리 죽을 때 하느님의 엄마스런 품에 안겨 죽으리라는 믿음으로 묵상해 들어간다. 마리아가 아들을 감싸안은 것처럼 하느님도 우리를 부드럽게 안아 주실 것이다. 죽음은 어두운 종말이 아니라 새로운 탄생이다. 그리고 육신이 태어날 때처럼 어머니의 팔이 우리를 포근히 감싸안을 것이다.

7. 예수님의 부활

예수께서 어두운 무덤에서 올라오신다. 참으로 가비얍게 무덤을 빠져 나오신다. 구멍 뚫린 두 손은 오란테Orante의 기도하는 모습을 하고 있다. 친히 예수님을 깨워 위로 끌어올린 분은 바로 하느님이시다. 위로 펼쳐든 손이 이를 표현하고 있다. 무덤을 어둡게 묘사함으로써 에기노 바이너트는 이콘 화가들의 전통과 맥을 같이한다. 그들이 그린 부활절 이콘에서 예수님은 죽은 이들의 왕국을 떠나 위로 오르시고 그들을 생명으로 인도하려고 손을 잡으신다. 예수께서는 죽으신 후 하계의 가장 어두운 곳으로 사라지셨는데, 유대인들의 전통에 따르면 하계에는 죽은 이들이 산다고 한다. 예수께서는 돌아가실 때 내 무덤으로도 들어오셨다. 그곳은 내 그림자의 세계, 내 생각과 맞지 않다는 이유로 내가 삶에서 축출해 버린 모든 죽은 것과 억압당한 것들의 거처다. 부활과 함께 예수께서는 나의 무덤을 연다. 그리하여 부활하신 분의 빛이 내 무덤의 어둠을 깨치고 들어와 환히 비추어 준다. 부활하신 주님께서는 두 손을 들어 내 두려움과 좌절, 슬픔과 어둠의 무덤에서 나도 어서 부활하라 이르신다.

그림 오른쪽 가장자리에, 놀라 어안이 벙벙한 세 명의 여인들에게 예수께서는 당신의 변용變容된 상처와 당신의 후광을 보여주신다. 복음사가들이 전하기를, 이 세 여인은 아침 일찍 무덤에 가서 예수님의 시신에 향유를 바르려던 참이었다고 한다. 지금 그들은 향유병을 든 채 휘둥그래진 눈으로 부활하시는 주님을 바라본다. 첫째 여인은 그림 오른쪽에 표현된 왼손을 그리스도 쪽으로 펴들고 있다. 마치 설명할 수 없는 부활의 신비를 받아들일 준비가 되어 있음을 표현하려는 듯하다. 여인들의 표정에는 놀라는 기색만 보이는 것이 아니다. 믿음의 첫 징후가 엿보인다. 모든 복음사가들이 전하듯이 예수님의 부활을 믿고 부활하신 예수님을 가장 먼저 만날 수 있었던 사람들은 바로 여인들이었다. 루가가 전하는 대로라면, 남자들은 예수님의 부활에 대한 여인들의 이야기를 헛소리쯤으로 여겨 그 말을 믿지 않았다 한다(루가 24.11 참조). 그러나 여인들은 그들이 본 대로 믿었고 그래서 부활의 첫 증인이 되었다. 사랑하는 마음을 지닌 여인들은 이성만을 신뢰하는 남자들보다 부활의 신비에 분명 더 가까이 있었다. 이성적으로 죽은 자가 부활한다는 것은 상상할 수 없는 일이다. 사

랑은 부활이 있다는 것을 안다. 왜냐하면 "사랑은 죽음처럼 강하기"(아가 8,6) 때문이다. 사랑은 죽음을 이겨낸다. 한 사람을 사랑한다는 것은 그를 영원히 사랑한다는 것을 뜻한다. 사랑할 때는 우리가 그 사랑으로부터 결코 떨어져나가지 않으리라는 예감이 깃든다. 그래서 세 여인은 예수님에게서 받은 사랑이 결코 사라질 수 없음을 믿는다. 때문에 그들은 사랑으로 그들을 소생시켜 주신 주님께서 무덤을 이기고 올라오시는 것을 볼 때도 역시 믿을 수 있었던 것이다.

세 여인들과 나란히, 그림 왼편에는 창을 든 세 군인이 무릎을 꿇고 있다. 이제 막 잠에서 깨어나 눈에 손을 대고 있다. 지금 눈앞에서 벌어지고 있는 사건이 믿어지지 않아 눈을 비빈다. 그들은 이해하지 못한다. 그래도 그들은 무릎을 꿇고, 이성을 초월하는 신비가 눈앞에 펼쳐지고 있다는 것을 인정한다. 이 신비 앞에서 무릎 꿇고 경배하는 것말고는 달리 아무것도 할 수가 없었다. 이렇게 그들은 자신들의 의지와는 달리 부활의 증거자, 고백자가 되어 버렸다. 그리고 이성을 제쳐두고 믿음으로 이렇게 고백하라고 우리한테 권한다: "주님께서 진실로 부활하셨도다, 알렐루야."

8. 막달라 여인 마리아

요한은 우리에게 막달라 여인 마리아와 부활하신 분의 아름다운 만남을 알려준다. "아직 이른 아침에"(요한 20.1) 그녀는 무덤으로 가려고 길을 나선다. 마지막 사랑의 표시로 예수님의 시신에 기름을 발라드릴 작정이었다. 요한은 막달라 여인 마리아의 심정을 아가서와 비슷한 말로 묘사한다: "밤마다 잠자리에 들면, 사랑하는 임 그리워 애가 탔건만, 찾는 임은 간 데 없어 일어나 온 성을 돌아다니며 이 거리 저 장터에서 사랑하는 임 찾으리라 마음먹고 찾아 헤맸으나 찾지 못하였네"(아가 3.1-2). 이것은 이른 아침 출발한 막달라 여인 마리아의 사랑 이야기이다. 예수께서 그녀한테서 일곱 마귀들을 쫓아내셨다. 그녀에게 새로운 삶을 선사하셨다. 절망의 구렁텅이에서 자신을 포기했던 그녀는 예수님 안에서 한 인간을 만난다. 그는 그녀를 조건없이 받아들여 자괴감에서 해방시켜 주었으며 여인으로서의 존엄성을 되찾아 주었다. 그는 그녀를 정죄하지 않고 믿어주었던 유일한 사람이었다. 그는 그녀 안에 깊은 사랑을 불러일으켰다. 이런 사랑 안에서 그녀는 이른 아침 길 떠나 "영혼이 사랑하는 임"을 찾는다.

빈 무덤을 본 막달라 여인 마리아는 시몬 베드로와 "예수께서 사랑하시던 다른 제자"에게 달려가, "사람들이 무덤에서 주님을 빼돌렸습니다. 어디다 옮겨놓았는지 모르겠습니다"(요한 20.2)라고 전한다. 그 말을 들은 베드로와 요한이 앞다투어 달려온다. 먼저 도착한 요한은 베드로를 먼저 들여보낸다. 둘 다 빈 무덤을 본다. 베드로는 보고도 이해하지 못한다. 사랑하는 마음을 가진 애제자 요한은 믿는다. 사랑하는 마음은 부활을 믿을 수 있다. 그러나 요한은 마음으로만 믿는다. 그는 이로써 족하여 부활하신 분을 만나지 못한 채 베드로와 함께 집으로 돌아간다. 그러나 막달라 여인 마리아는 빈 무덤을 떠나지 못한다. 울음으로 슬픔을 표현할 수밖에 없다. 사람들이 주님을, "그녀의 영혼이 사랑하는" 임을 빼돌린 줄 알고 슬픔에 젖어 있다. 하얀 옷을 입은 두 천사가 무덤에 앉아 있는 것을 보면서도 슬픔의 응어리는 풀리지 않는다. 그렇다. 그녀는 눈물이 앞을 가려 돌아서다 마주친 예수님을 알아보지 못한다. 그분이 동산지기인 줄 안다. 예수께서 "마리아" 하고 부르실 때에야 그녀는 자신의 영혼이 사랑하는 임을 알아본다. 그제서야 예수님 앞에 엎드려 "랍부

니!"라고 말한다. 예수께서 사랑스럽게 "마리아" 하고 부르는 소리에 그녀는 부활하신 분을 알아본다. 그녀에게 부활은 죽음을 이긴 사랑의 승리를 뜻한다. "그녀의 영혼이 사랑하는" 임은 살아 계시다. 그분은 죽은 자들 가운데서 부활하셨다.

부활하신 분과 만나는 이 장면을 에기노 바이너트가 그렸다. 막달라 여인 마리아는 무릎을 꿇고 사랑어린 목소리로 "랍부니!" 하고 반긴다. 그녀는 사랑에 넘쳐 가슴이 터져버릴까봐 왼손을 가슴에 얹고 있다. 왼쪽 배경에는 예수님의 시신에 바를 향유병을 든 두 여인이 바라보고 있다. 오른쪽에는 막달라 여인 마리아가 무덤 안을 들여다보았을 때 그녀가 처음으로 보았던 부활 천사가 작게 그려져 있다. 부활하신 분의 손은 배경에 있는 세 개의 십자가를 가리킨다. 예수께서 못박히셨던 가운데 십자가는 하얀 천으로 꾸며져 있다. 부활하신 분은 곧, 십자가에 못박히신 분이기도 하다. 그분의 변용된 몸에는 앞으로도 상처가 나 있을 것이다. 누구든지 부활하신 분을 만나고 싶거든 부활 이전부터 우리를 기다린 십자가도 함께 긍정하라. 우리가 그리스도와 더불어 부활하기 전에.

9. 엠마오로 가는 제자들

루가만이 엠마오로 가는 제자들의 아름다운 이야기를 들려준다. 그들은 온갖 희망을 걸었던 사람이 죽은 것에 실망하여 엠마오로 길을 떠난다. 절망의 자리에서 도망친다. 그들은 줄곧, 자신들이 실망했던 이유에 대해 서로 이야기 나눈다. 각자 받은 느낌을 혼자 간직하지 않고 서로 교환한다. 예수께서 그들과 동행하며 대화에 끼어들 수 있었던 이유가 바로 여기에 있다. 그들이 희망을 걸었던 사람을 그들은 십자가에 처형했다. 예수님을 통해 도래할 줄 알았던 하느님 나라에 대한 기대가 전부 수포로 돌아갔다. 이제는 고향으로 달아나는 일만 남았다. 그러나 예수께서는 그들이 겪은 일들을 다르게 풀이하신다. 예수께서는 모든 일이 그렇게 일어났어야만 했다고 성서를 들어 설명하신다. 지난 며칠 사이에 일어난 사건들을 그들이 이해할 수 있는 열쇠는 이것이다: "그리스도는 그런 고난을 겪고 영광을 누리게 되어 있지 않습니까?"(루가 24,26). 이 말은 자기 삶의 역사를 이해하는 열쇠가 될지도 모른다. 말하자면 이런 것이다: "내게 좋도록, 내가 내 삶에 대해 만들어 놓은 환상들을 포기하고 하느님께서 주시기로 한 상태에 들기 위해서는 이것이 나에게 일어났어야만 하지 않겠습니까?" 하느님의 영광이 나에게 계시되기 위해서는 먼저 내가 내 삶에 그린 그림들이 파괴되어야 했다. 이 열쇠를 가지고 삶을 바라보면 삶에서 일어난 모든 일에 동의하게 된다. 모든 십자가는 오로지 부활에 이르는 통로일 뿐임을 믿게 된다. 그것은 예수 그리스도와 더불어 참 삶에 이르는 길이기도 하다. 이제는 그 삶을 살아도 좋다.

예수님과 함께 마을에 도착했을 때 제자들은 예수께서 곁에 머물러 주기를 청한다: "이미 날도 저물어 저녁이 되었으니 우리와 함께 묵읍시다"(루가 24,29). 밤이 되어 어둠이 다시 그들의 마음에 내려앉아도, 그들은 여행길에 느꼈던 빛을 계속 간직하고 싶어한다. 예수께서는 "그들과 함께 머물려고" 같이 가신다. "상 앞에 자리잡으시자 빵을 들고 찬양하신 다음 떼어 주셨다. 그제서야 그들은 눈이 열려 예수를 알아보았다"(루가 24,30-31). 오는 길에 예수께서 성서의 의미를 풀이해 주었을 때 마음은 이미 뜨거워졌다. 이제야 그들은 눈을 떴다. 루가는 최후 만찬을 묘사할 때와 같은 말로 빵 쪼개는 장면을 묘사한다. 루가에게 성찬례란 부활하신 분이 친히 우리 가운데 계시고 아버

지를 찬양하며 우리를 위해 빵을 쪼개시고 빵을 통해 당신 자신을 우리에게 선사하신다는 뜻이다. 그리고 우리가 서로를 위해 빵을 쪼갬으로써 부활하신 그분을 우리 안에서 알아볼 수 있도록 우리도 눈을 떠야 한다는 것이다. 그러나 그분을 붙잡을 수는 없다. 제자들이 알아보자마자 그분은 시야에서 사라지셨다. 부활하신 분을 우리 마음대로 할 수는 없다. 그저 신앙의 눈으로 알아볼 수 있을 뿐이다.

에기노 바이너트는 빵을 그릴 때 술잔도 함께 그려 넣음으로써, 엠마오의 제자들과 나눈 만찬에 루가가 부여한 성찬례적 해석을 강조한다. 술잔 속의 피는 부활하신 예수님의 옆구리에서 볼 수 있는 피에 해당한다. 부활하신 분은 성찬례를 통해 새롭게 당신 자신을 내주신다. 이 점을 화가는 복음사가들과 더불어 말하고 싶은 것이다. 빵은 우리에게 힘을 주고 포도주는 우리 마음을 기쁘게 한다. 그분은 이런 빵과 포도주를 통해 자신을 우리에게 내주신다. 그분은 우리가 삶에서 부서지지 않도록 우리를 위해 자신을 부수신 분. 우리 안에 부러진 곳을 낫게 하고 붙여 주시려 우리를 위해 부러진 분으로 당신을 내주신다. 그리고 당신 심장의 피를 우리에게 쏟아주신 분, 우리가 마실 수 있도록 사랑을 흐르게 하신 분으로 당신을 내주신다. 예수께서는 붉은 옷을 입고 계신데 이는 사랑의 옷이다. 푸른 옷을 입은 제자의 손이 하늘로 향하고 있다. 그는 부활하신 분을 만나 하늘 향한 그리움이 더욱 간절하다. 풀빛 옷의 제자는 두 손 모아 기도드린다. 부활하신 분의 선물이 자신 안에 스며들었으니 이제 그는 푸르러져 꽃피고 열매 맺으리라.

10. 풍요로운 고기잡이

요한 복음서 21장은 또 한번 특별한 부활 이야기를 들려준다. 부활하신 분이 티베리아 호숫가에서 일곱 제자들과 만나는 이야기다. 제자들은 일곱 명이다. 일곱은 거룩한 숫자다. 일상에서 그들은 평소 늘 하던 일을 열심히 하는 거룩한 공동체다. 우리에게 이것은 교회 공동체를 상징한다. 눈을 뜨기만 한다면 이 일곱 제자들처럼 우리도 일상에서 부활하신 분을 알아볼 수 있다는 것을 상징한다. 집으로 돌아온 제자들은 전에 늘 해왔던 대로 고기를 잡는다. 밤새 그들은 헛일을 했다. 이제 새벽이 되니 지치고, 실망스럽고, 공허하다. 그때 그들은 물가에 서 계신 예수님을 본다. 예수께서는 당신 아이들에게 말을 걸듯 다정하게 말을 건네시고, 먹을 것이 있는지 물으신다. 먹을 것이 없다고 대답하자 그분은 배 오른편에 그물을 치라며 그들을 다시 호수로 보내신다. 고기잡는 법이야 제자들 자신이 익히 알고 있다. 더구나 간밤에는 허탕을 쳤다. 그럼에도 불구하고 그들은 똑같은 일을 반복하지만, 지금은 호수 저편에서 그들의 삶으로 들어오시는 분의 명령에 따라 하는 것이다. 그리고 그물을 오른편에, 의식이 깨어 있는 쪽으로 던진다. 삶에서 부활하신 분을 경험한다는 것은 같은 일을 늘 하던 대로 하되 예수님의 분부대로, 의식을 가지고 깨어 있으면서 신중하게 하는 것을 뜻한다.

예수의 애제자는 물가에 서 계신 분이 주님이라는 걸 단번에 알아차린다. 베드로는 예수님께 다가가려고 호수에 뛰어든다. 배 안의 제자들은 큰 물고기 153마리가 걸린 그물을 끌어올린다. 153은 거룩한 숫자다. 아우구스티누스는 17을 가지고 이것을 풀이한다. 1부터 17까지의 숫자를 모두 합하면 153이 된다. 1은 전체를 나타내며, 7은 하느님과 인간을 맺어주는 수다. 에바그리우스 폰티쿠스는 153을 정방형(100), 삼각형(28), 구(25)라는 세 도형으로 풀이한다. 우리가 삶에서 부활하신 분을 만나 그분의 명령에 따라 행동하면 우리 삶은 치유되고 온전해지며, 우리 안의 대극對極들이 멋지게 조화·통일된다. 제자들이 베드로를 좇아 뭍에 오르자 예수께서는 그들을 식사에 초대하신다. 와서 보니 빵도 있고 숯불 위에 생선도 한 마리 준비해 두셨다. 그분은 그들과 함께 아침을 드신다. 참으로 독특한 분위기다. 누구도 감히 예수님께 물을 엄두를 못 내지만 모두는 알고 있다: "주님이시오!"(요한 21.7).

요한은 숯불 가에서의 이 식사를 성찬례로 해석한다. 바이너트는 감실 앞면에 이 장면을 표현함으로써 요한의 해석을 이어받는다. 성찬례란 부활하신 분이 호수 저편으로부터, 즉 하늘로부터 우리 삶의 신새벽에 나타난다는 뜻이다. 부활하신 분이 계신 곳은 어디나 고향 같다. 그곳에는 신선한 새벽이 밝아온다. 제자들의 마음이 따뜻해진다. 예수께서 친히 빵과 생선을 들어 우리에게 주신다. 빵은 이 땅의 우리네 삶에 힘을 북돋아 준다. 노인들에게 생선은 불사不死의 음식, 낙원의 음식이다. 부활하신 분이 성찬례를 통해 빵과 포도주로 당신 불멸의 생명을 우리에게 나누어 주신다. 이 소박한 식사중에 낙원이 빛나고 새벽이 성화聖化된다. 성찬례 때 우리는 하느님의 생명을 나누어 받는다. 죽을 수밖에 없는 우리의 본성 속에 죽지 않는 하느님의 맹아가 내려앉아 우리에게도 신성이 부여된다. 성찬례 불멸의 음식을 통한 삶의 변용은 이 감실 그림의 밝고 명랑한 색상과 부활하신 분을 에워싼 전체적인 분위기로 가시화可視化된다. 그분은 돌 위에 걸터앉아 삶을 변화시키는 사랑의 식사에 우리를 초대하신다.

11. 성령 강림

성령 강림 대축일은 부활 시기를 마감한다. 부활절에서 50일째 되는 이 날, 성령 강림은 부활을 통한 우리 삶의 완성을 보여준다. 루가는 사도행전에서 이 사건을 서술하고 있다. 제자들이 최후 만찬이 있었던 그 방에 기도하러 모였다. 옛 전통에 따라 마리아를 그들 가운데 모셨다. 그때 하늘로부터 세찬 바람이 불어와 집 안을 가득 채웠다. "그리고 불 같은 혀들이 갈라지며 나타나 각자에게 내려앉았다. 그러자 모두 성령으로 가득 차서 영이 일러주는 대로 여러 가지 다른 언어로 말하기 시작했다"(사도 2,3-4). 성령은 바람과 불의 이미지로 묘사된다. 구약성서에서도 바람은 피조물에게 불어넣은 하느님의 영을 상징한다. 바람은 휩쓸고 지나가며 우리를 뒤흔드는 폭풍이 될 수 있지만 성령은 바람의 모습으로 우리를 부드럽게 어루만지기도 한다. 바람은 가까이 있으나 볼 수 없는 성령의 상징이다. 바람은 우리를 에워싸고 우리 자신의 호흡으로 존재하며 우리에게 하느님의 숨결을 불어넣어 준다. 불은 힘찬 생명성의 상징이다.

이 그림에서 바이너트는 성령 강림 장면을 표현했다. 열두 제자가 마리아 곁에 모여 기도하고 있다. 하늘에서 성령이 비둘기 모양으로 내려온다. 제자 하나하나마다 성령이 불혀처럼 내려앉는다. 새로운 용기를 얻은 것이 환한 표정에서 드러난다. 교회가 탄생하는 순간이다. 오랜 성화상聖畵像의 전통에 따라 화가는 사도들을 기도하는 모습으로 그렸다. 기도는 영을 받아들이는 장場이다. 기도하는 사람은 성령의 오심에 마음을 연다. 그가 영을 강제로 내칠 수는 없다. 그러나 기도하는 사람은 영이 자기 안에 들어오자마자 영을 느끼게 된다. 그들은 함께 기도한다. 함께 드리는 기도에는 특별한 힘이 있다. 이것을 루가는 바울로와 실라의 이야기를 통해 그려내고 있다(사도 16,19-34 참조). 그들이 한밤중에 필립비 감옥 가장 깊숙한 곳에서 찬양 노래를 부를 때 갑자기 큰 지진이 일어난다. 곧 문들이 열리면서 모든 이의 사슬이 풀린다. 간수가 허겁지겁 달려와 세례를 받기 위해 바울로와 실라를 집으로 데려간다. 성령이 내리실 때도 사도들의 기도로 땅이 흔들린다. 성령이 사람들을 움직여 한데 모이게 하고 사도들이 그들의 언어로 말하는 것을 듣게 한다. 그리고 성령은 겁에 질린 제자들을 움직여 좁은 방에서 대명천지로 나오게 하고, 그 어떤 일에 앞서 부활하신 분을 증거케 한다.

열두 제자들 한가운데 푸른 옷의 마리아가 무릎을 꿇고 기도드린다. 그녀는 사람들의 시선을 자기 쪽으로 집중시킨다. 비둘기가 그녀를 향해 날아든다. 열두 남자들 사이에 여자는 하나뿐이다. 그러나 그녀는 한가운데 있다. 마리아 없이 교회는 존재하지 않는다. 교회의 중심에 그녀가 있다. 분명 기도하는 마리아는 성격이 제각각인 사도들을 한데 모아 하나의 공동체로 결속시킨다. 기도는 공동체를 낳는다. 때마침 예루살렘에 살던 여러 민족들이 이 새로운 공동체를 보았기 때문에 여기에 매력을 느끼고 베드로의 강론에 깊이 감화되어 세례를 받는다(사도 2.37 참조). 루가는 이 새로운 공동체를 언어의 기적으로 묘사한다. 예수의 제자들은 돌연, 모두가 알아들을 수 있는 언어를 구사한다. 그들은 기도중에 하느님께 드리는 말을 함께 나누었으므로 이제 새로운 하나의 언어로 소통하게 된 것이다. 그들은 그들만의 작은 공동체 밖에 있는 사람들도 알아 들을 수 있는 하나의 공통어를 발견했다. 성령이 불어넣어준 그 새로운 언어는 많은 사람들을 결속시켰다. 청중들은 더이상 새로운 언어를 인정하지 않으려는 조소의 언사를 포기하고, 이제는 내심을 말할 자세가 되어 있다: "우리가 어떻게 해야겠습니까?"(사도 2.37). 그 언어는 마음과 마음을 이어 주었고 교회는 이렇게 생겨났다. "그들은 사도들의 가르침을 받고 친교를 나누며 빵을 떼고 기도하는 일에 전념했다"(사도 2.42).

III. 연중 시기

1. 성찬례

교회는 성찬례 제정을 주님 만찬 성 목요일 저녁에 기념하지만, 특별히 성체 성혈 대축일에 한 번 더 성찬례의 신비를 기념한다. 교회가 일상적으로 행하는 것이 어느 한 축일의 주제가 되고 있다. 나는 에기노 바이너트가 성찬례를 주제로 그린 네 점의 그림 가운데 하나를 특별히 주목하고 싶다. 대부분 감실 앞면을 장식한 그림들이다. 여기서도 그렇다. 열두 제자들이 네모난 식탁에 둘러앉아 있다. 식탁 가운데 놓인 빵 앞에는 붉은 포도주가 담긴 잔이 있다. 예수께서는 한 손으로 당신 자신을 담아 제자들에게 줄 선물을 가리키신다. 다른 한 손은 위로, 아버지께로 향하고 있다. 이것이 하느님 사랑의 신비이며, 이 신비를 예수께서는 당신 제자들과 함께 기념하신다. 제자들은 더러는 깍지를 낀 채, 또 더러는 하늘을 향해 손을 펴든 채 기도하고 있다. 식탁 위에는 포도주가 담긴 여덟 개의 잔이 있다. 8은 영원의 수이다. 초기 그리스도교의 세례대는 팔각형이었는데, 이는 세례 때 영원이 우리의 시간 속으로 들어온다는 것을 나타내기 위해서였다. 아마 화가는 여기서도 그렇게 말하고 싶을 것이다: 성찬례마다 하느님 사랑의 영원한 신비가 드러난다. 이때는 시간이 정지한다. 영원이 우리의 덧없는 시간 속으로 들어온다. 이때가 영원한 현재이며 하느님과 인간이 하나 되어 인간이 신성을 띠는 순간이다. 이때가 바로 여덟번째 날, 해가 지지 않는 부활의 날이다.

여기서 성찬례는 식사로 표현되고 있다. 교회에서는 성찬례의 식사다움을 맛볼 기회가 매우 드물지만, 그 원천과 본질로 본다면 성찬례는 바로 식사다. 성찬례 때 예수께서는 많은 제자들을 당신 주위에 불러모으신다. 모두들 빵과 포도주 안에서 자신을 내어주는 예수님의 사랑을 함께 나눈다. 예수님을 배반한 유다도 그중 하나다. 성찬례는 여러 유형의 사도들을 한데 묶는다. 성미 급한 베드로도 있고, 사려깊은 애제자 요한도 있다. 심지어는 두 사람의 열혈당원, 즉 테러리스트까지 있다. 예수님 주위에 모인 사람들은 질적으로 균등하지가 않다. 이는 당시 유대 사회의 분열을 표현한다. 그러나 저마다 예수님의 식탁에 한 자리를 차지하고 있다. 식사를 같이 한다는 것은 아무도 거부하지 않고 식탁에 둘러앉은 사람 모두를 받아들인다는 뜻이다. 우리 모두는 같은 빵을 나누어

먹고 같은 잔을 나누어 마신다. 우리는 그리스도 안에서 하나가 된다. 그리고 그리스도께서는 우리의 느낌이나 생각보다 더 깊은 차원에서 우리를 결합시킨다. 유대인과 그리스인, 주인과 노예, 남자와 여자, 젊은이와 노인이 돌연히 하나의 공동체를 형성했다는 것이야말로 초기 교회의 매혹적인 체험이었다. 성찬례는 결속의 요인이었다. 그래서 루가는 사도행전에서 이를 이렇게 묘사했다: "날마다 한마음으로 성전에 열심히 모이고, 집집마다 돌아가며 빵을 떼고 흥겹고 순박한 마음으로 음식을 함께 들었다"(사도 2,46).

성찬례는 내어줌이다. 예수께서는 빵과 포도주의 형상으로 당신을 제자들에게 내어주신다. 떼낸 빵은 예수님의 죽음을 의미한다. 죽음을 통해 예수께서는 인간에게 당신을 남김없이 내어주시어 가없이 큰 당신의 사랑을 완성시킨다. 잔에 담긴 술은 예수의 옆구리에서 흘렀던 피를 상기시킨다. 그 피는 우리를 하느님의 생명으로 채우기 위함이었다. 예수께서는 새로운 계약을 맺는 피에 대해서도 말씀하신다: "이 잔은 그대들을 위해 쏟는 내 피로써 맺는 새 계약입니다"(루가 22,20). 예수님의 죽음을 통해 하느님께서는 우리 인간과 새로운 계약을 맺으신다. 그래서 새로운 계약에 대한 예레미야의 예언이 실현된다: "그 마음에 내 법을 새겨주어, 나는 그들의 하느님이 되고 그들은 내 백성이 될 것이다"(예레 31,33). 우리는 성찬례 때마다 하느님께서 예수 그리스도를 통해 우리와 맺으신 이 새 계약을 기념한다. 예수 그리스도 안에서 하느님은 우리에게 새로운 마음을 선물하신다. 그것은 돌처럼 차고 굳은 마음이 아니라, 살처럼 뜨겁고 부드러운 마음, 당신 아들의 마음이다. 예수께서 우리를 사랑하신 것같이 죽음에 이르도록 사랑할 힘을 가진 마음이다.

2. 주민세

바리사이와 헤로데의 추종자 몇 사람이 예수님을 시험하려고 와서 묻는다: "황제에게 주민세를 바쳐도 됩니까, 안 됩니까?"(마르 12.14). 주민세 문제는 유대 민족을 이간시켰다. 친로마적인 헤로데파 사람들은 이 세금을 지지한다. 바리사이들은 세금에 반대하지만 세금을 하느님의 냉혹한 천명으로 감수하는 편이었다. 열혈당원들은 세금이 첫째 계명에 위배된다는 이유로 로마인들에게 세금 바치기를 거부했다. 예수께서는 곤경에 빠져 계시다. 만약 예수께서 세금을 인정하시면 이스라엘 백성 대다수가 예수님께 등을 돌리게 된다. 열혈당원들의 테러가 백성들에게 큰 영향을 미치기 때문이다. 그러나 예수께서 세금을 거부한다면 헤로데파 사람들과 로마의 점령세력이 예수를 적대시할 것이다. 이는 예수를 체포할 빌미가 될 수도 있다. 저의가 깔린 이 상황에서 빠져나올 길이 없어 보인다. 그러나 예수께서는 침착하게 처신하신다. 당신을 모함하기 위해 연대한 바리사이들과 친로마 헤로데파 사람들의 위선을 꿰뚫어보시고는 세금에 쓰이는 동전 한닢을 가져오라 하신다. 당신은 수중에 동전 한닢 지니고 다니는 법이 없었지만 헤로데파 사람들은 아마 그런 동전을 가지고 다녀야 했으리라. 이 동전의 한 면에는 티베리우스 황제의 흉상이, 다른 한 면에는 대제관의 흉상과 관을 쓴 티베리우스 어머니의 모습이 새겨져 있다. 예수께서 물으신다: "이 초상과 글자가 누구의 것이오?"(마르 12.16). 그들이 "황제의 것입니다" 하자, 예수께서는 탁월한 답변을 하신다: "황제의 것은 황제에게 돌려주시오. 그러나 하느님의 것은 하느님께 돌려드리시오"(마르 12.17).

뜻밖의 대답이었다. 바리사이들도 헤로데파 사람들도 열혈당원들도 감히 당신을 체포할 수 없도록 만들어 버리는 예수님의 지혜에 놀란다. 그리스어 성서에는 예수께서 "주시오"라고 하지 않고 "돌려주시오"라고 말씀하신다. 동전은 이미 황제로부터 받은 것이다. 그러므로 황제에게 동전들을 돌려주지 않을 이유가 없다. 이것은 황제로부터 받은 외적인 물건일 뿐이다. 즉, 법적·경제적 질서에 속한다. 그러나 하느님한테서는 그들 자신을 받았다. 동전엔 황제의 흉상이 박혔지만 인간은 하느님의 모습을 지녔다. 때문에 인간은 자기자신을 하느님께 돌려드려야 한다. 우리는 우리 자신

의 것이 아니라 하느님의 것이다. 이것이 우리가 우리 자신을 한 인격체로서 하느님께 돌려드려야 하고 전 존재를 바쳐 하느님을 흠숭해야 하는 이유인 것이다.

화가는 이 장면을 생동감있게 그렸다. 많은 군중들이 바리사이들과 헤로데파 사람들의 유도 심문에 예수께서 어떻게 대답하시는지 유심히 관찰하고 있다. 맨 앞에는 율법학자가 예수님께 자기를 정중히 낮추어 질문하고 있다. 무릎에 얹어놓은 것은 아마도 유대인의 율법이 적힌 두루마리일 것이다. 적이 겸허한 표정이지만, 사실은 예수님을 시험하려는 음험한 저의가 숨어 있다. 그러나 예수께서는 모든 사람들 앞에 우뚝 서 계시다. 오른손에 든 노란 동전을 모두에게 보여주신다. 왼손으로는 하늘을 가리키신다: "당신들은 모두 하늘의 사람입니다. 당신들은 하느님께 속해 있습니다. 이 세상의 어떤 지배자도 당신들에게 권력을 휘두를 수 없습니다. 그러니 당신 자신들을 하느님께 돌려드리십시오. 그러면 당신들은 자유로워집니다. 이것이 내가 여러분에게 선포하는 복음입니다." 아무도 이 복음에 맞설 수 없다. 복음은 예기치 않게 다가오고 신적이며, 인간의 가장 깊은 갈망을 충족시켜 준다.

3. 호수의 풍랑

마태오와 마르코는 제자들이 배를 타고 호수의 풍랑에 휘말린 사건을 두 번에 걸쳐 전해준다. 마르코 복음서 4,35-41(마태 8,18.23-27)을 보면 예수께서 함께 배에 타고 계시다. 예수께서 주무시는 동안 거센 풍랑이 인다. 제자들은 예수님을 깨워야 한다. 그러지 않고서는 배가 가라앉아 빠져 죽을까봐 두려움에 떤다. 마르코 복음서 6,45-52에서는 제자들만 배를 타고 베싸이다로 간다. 도중에 그들은 있는 힘을 다해 역풍과 싸운다. 예수께서 그것을 보시고 호수 위를 걸어 배에 오르시자, 바람이 그친다. 마태오는 비슷한 이야기에서 베드로가 물 위를 걸어 예수께로 가다가 의심하여 물에 빠질 뻔했다고 전한다. "예수께서 곧 손을 내밀어 붙잡으며 '믿음이 약한 사람! 왜 의심했습니까?' 하셨다"(마태 14,31).

화가는 첫째 이야기와 관련지어 그렸다. 예수께서는 풍랑이 심해져 배가 요동치는 동안 고물에서 베개를 베고 주무신다. 매우 인간적인 이야기다. 예수께서는 종일 군중들에게 설교하셨고 환자들을 치유하셨다. 피곤하여 단잠에 빠진 예수님은 거세게 몰아치는 회오리바람도 알아채지 못하신다. 제자들은 겐네사렛 호수에 예측할 수 없는 돌풍이 분다는 걸 훤히 아는 노련한 어부들이다. 그래도 두려움을 느낀다. 그들 스스로는 어떻게 해야 좋을지를 모른다. 겁에 질려 예수님을 깨운다: "선생님, 우리가 죽게 되었는데도 걱정이 안 되십니까?"(마르 4,38). 그러자 "예수께서 일어나 바람을 꾸짖고 호수더러 '잠잠해져라, 조용히 있어라' 하시자 이내 바람이 멎고 아주 고요해졌다"(마르 4,39). 그리고 제자들이 그렇게 두려워한 것을 나무라신다. 예수께서 설교를 통해 그토록 일깨워 주고 싶어 하셨던 그 믿음이 그들에게는 없다. 말씀만 가지고는 그들 안에 믿음을 일깨우지 못할 것이 분명하므로, 예수께서는 기적을 통해 그들을 하느님에 대한 믿음으로 인도하신다. 하느님은 풍랑 속에서 우리를 보호하시고 출렁이는 삶의 파도를 넘어 우리를 안전하게 이끄시는 분이다.

그림에서 예수께서는 제자들 한가운데에 서 계시다. 한 손은 호수를, 다른 손은 하늘을, 하느님을, 보호하시는 아버지를 가리키신다. 제자들은 자기들끼리 서로서로를, 혹은 뱃전과 돛대만을 움

켜잡고 있는데, 예수께서는 양손을 들고 자유롭게 서 계시다. 예수님 뒤편의 호수는 이미 잠잠해졌다. 앞쪽에는 제자들을 그토록 두려움에 떨게 한 파도가 아직도 일렁인다. 이제 두려움은 예수님의 권능에 대한 놀라운 감동으로 사위어진다: "도대체 이분은 누구시길래 바람과 호수조차 복종할까?"(마르 4,41). 우리가 그리스도를 믿을 수 없고 예수께서는 당신을 숨긴 채 주무시는 듯 보일때, 비록 우리가 그리스도를 알아보지 못하고 그리스도와 떨어져 있을지라도, 그림은 우리 배 안에도 그리스도께서 앉아 계심을 믿도록 도와 줄 것이다. 잠든 예수님은 오늘날 많은 그리스도인들의 존재 체험을 상징한다. 그들은 예수님을 믿고 싶어하지만 예수님에 대해 아무것도 느끼지 못한다. 예수님은 그들의 경험에서 사라지셨다. 예수님은 주무신다. 에기노 바이너트의 그림은 우리 믿음의 이 어려운 상황에 대고 이야기한다. 그림이 우리에게 전하는 말은 이러하다: 그리스도께서는 우리 삶이라는 배에 함께 타시어 풍랑 속에서도 가라앉지 않도록 안전하게 지켜 주실 것이다. 삶이 우리를 철저히 뒤흔들어 놓을 수도 있다. 우리를 기다리는 것이 편안한 산보일 리야 없겠지만, 폭풍우 속에서도 그리스도께서는 친히 우리 안에 계시다. 이것이 모든 두려움을 극복하는 믿음을 가질 만한 충분한 이유이다.

4. 사마리아 여인과의 대화

정오 무렵 야곱의 샘에 오신 예수님은 지쳐 샘가에 주저앉으신다. 그때 한 사마리아 여인이 물을 길으러 온다. 예수께서는 그 여자에게 물을 청하시고 대화를 시작하신다. 이 대화는 사실상 모든 대화의 규칙을 어기고 있다. 얼핏 보면 두 사람의 이야기가 서로 빗나가고 있는 것 같다. 그러나 실제로 그들의 대화는 외적인 차원에서 점점 더 깊은 차원에까지 이르고 있다. 대화는 물에서 시작하다가 돌연 우리 내면 깊은 곳의 갈증을 풀어주는 생명의 물에까지 이르렀다. 사마리아 여인은 우리의 일상적인 목마름을 가라앉히는 물을 길지만, 예수께서는 생명의 물을 선사하신다. "이 물을 마시는 사람은 다시 목마를 것이나 내가 주는 물을 마시는 사람은 영원히 목마르지 않을 것입니다. 내가 주는 물은 그 사람 안에서 샘이 되고 거기서 물이 솟아 영원한 생명을 누리게 할 것입니다"(요한 4,13-14). 십자가상의 예수께서 당신 마음을 여시면 거기서 사랑의 물이 흐를 것이다. 이 사랑의 물은 우리 안에서 영원한 생명의 샘이 된다. 우리 안에서 샘솟아 절대로 마르는 법이 없는 샘이 된다.

그들은 실제로 남편은 아니었던 여인의 여섯 남자들에 대해 이야기한다. 여섯 남자 모두 참사랑과 친밀함에 대한 그녀의 갈망을 채워주지 못했다. 지금 그녀는 예수님을, 일곱번째 남자를 만나고 있다. 예수님은 십자가에서 당신의 열린 마음을 내보일 것이고 조건없는 절대적 사랑에 대한 그녀의 갈망을 채워줄 것이다. 예수님과 이야기를 나누고 있는 시각은 정오였다. 예수께서 십자가에서 돌아가시는 시간이다. 여섯 남자들은 일곱번째 남자를, 끝없는 사랑으로 우리를 사랑해줄 메시아를 가리킨다. 남자들 이야기를 하다가 예수님과 사마리아 여인은 갑자기, 진정한 예배라는 뜻밖의 주제에 도달한다. 하지만 내면적 차원에서 이것은 당연한 귀결이다. 영靈과 진리 안에서 예배할 때 사랑의 황홀에 대한 우리의 갈망은 채워진다. 사랑 안에서 우리는 헌신하기를, 헌신하는 가운데 우리 자신을 잊을 수 있기를 갈망한다. 예배란 하느님이라는 이유 때문에 하느님 앞에 무릎을 꿇는 것이며, 자신의 주위를 맴도는 것에서 자유로워지는 것이고, 하느님 앞에서 자신을 잊는 것이다. 하느님 안에서는 대접받고, 보호받고, 집에 있는 듯 편안하기 때문이다.

그림에서 사마리아 여인은 샘가에 앉아 있다. 예수께서는 우뚝 서서 그녀에게 말을 건네신다. 뒤에 보이는 고을이 이 여인의 고장이다. 뒤에 서 있는 사람들은 분명히 사마리아인들이다. 요한은 그들이 예수께 자기네들 곁에 있어 달라 했다 한다. 그들은 여인을 향해 이렇게 말한다: "우리가 믿는 것은 이제 당신이 한 말 때문이 아니오. 우리가 직접 듣고 이분이야말로 진정 세상의 구원자 이심을 알았기 때문이오"(요한 4.42). 예수님과 사마리아 여인의 만남으로 고을 전체가 회개하게 되었다. 화가는 그림에서 예수님을 모든 이들이 매료되어 귀기울이는 설교가로 그린다. 그분의 말씀은 사람들에게 가닿는다. 그분의 말씀은 여인이 걸터앉은 샘과도 같다. 퍼내도 퍼내도 샘은 마르는 법이 없다. 이는 하느님 말씀과 사랑의 샘이다. 우리에게 영원한 생명을 주고 우리 깊은 곳의 갈증을 늘 풀어주는 샘이다.

5. 착한 목자 예수님

마태오 복음서와 루가 복음서에는 100마리 양 중 한 마리를 잃은 목자의 비유가 나온다. 목자는 아흔아홉 마리를 광야에 남겨둔 채 잃어버린 양을 찾아낼 때까지 뒤쫓아다닌다. "그러다가 찾아내면 기뻐서 어깨에 멘다"(루가 15,5). 이 비유를 통해 예수께서는 "회개할 필요가 없는 의인 아흔아홉보다 회개하는 죄인 하나"(루가 15,7)를 두고 더 기뻐하는 하느님을 보여주신다. 에기노 바이너트의 그림에서 예수님은 잃어버렸던 양을 어깨에 메고 계시다. 이 비유는 회개한 죄인 하나만을 상징하지 않는다. 100은 완전성에 대한 상징이기도 하다. 양 한 마리가 길을 잃으면 우리 존재의 완전성이 와해된다. 예수께서는 내 안에서 잃은 것을 뒤쫓아가는 분이시다. 니싸의 그레고리오에게 잃은 양은 우리의 잃어버린 인간성이다. 인간성을 되찾아야 함은 우리가 다시 온전한 인간이 되기 위해서다. 예수께서는 당신의 육화로서 우리 안의 잃은 양을 쫓아가셨고, 우리가 다시 온전한 인간으로 살아갈 수 있도록 광야의 공허와 황폐함에서 우리를 구해 무리로 데려오셨다.

착한 목자의 그림은 잃어버린 양의 비유만 이야기하는 것이 아니라, 특히 요한 복음서의 목자 이야기와도 관련이 있다. 여기서 예수께서는 당신을 두고 이렇게 말씀하신다: "나는 착한 목자입니다. 착한 목자는 양들을 위해 목숨을 내놓습니다"(요한 10,11). 착한 목자 예수께서는 당신의 양들을 아시고 그분의 양들 또한 그분을 안다. "나는 그들에게 영원한 생명을 줍니다. 그들은 영원불멸할 것이고 아무도 그들을 내 손에서 빼앗지 못할 것입니다"(요한 10,28). 요한 복음서에서는 늘 부활하신 지고至高의 주님이 말씀하신다. 그 주님은 성찬례에서 믿는 이들 한가운데 임하시는 분이다. 우리는 부활하신 주님의 이 말씀이 초기 그리스도인들에게 얼마나 큰 위안이 되었는지 상상할 수 있다. 초기 그리스도인들은 악의에 찬 세상 한복판에서 그리스도를 자신 속에서 느꼈다. 그분은 그들을 보호하시며 세상 어떤 권력도 그들을 그리스도의 손에서 앗아 갈 수 없을 거라고 약속하신다. 그리고 당신의 양들을 알아보는 착한 목자의 말씀으로 인해 낯선 이 세상에서도 신뢰와 고향의 뜰이 마련된다. 착한 목자 그리스도께서는 그들에게 영원한 생명을, 이를테면 세속적으로 주어

지는 삶과는 질적으로 다른 삶을 허락하신다. 영원한 생명이란 새 맛이 든 삶이며, 참 삶이며, 죽음을 통해서도 없어질 수 없는 신적인 삶이다.

잃어버린 양을 뒤좇아가 그 양을 어깨에 메고 돌아오는 목자와, 자기 양들을 알아보고는 그 양들에게 영원한 생명을 선사하는 착한 목자 — 화가는 두 상징들을 서로 결합시켰다. 양들이 목자 주위에 빼곡이 모여 목자를 에워싸고, 새끼 양 한 마리는 목자의 양다리 사이에서 풀을 뜯는다. 목자와 양들 사이에 신뢰가 피어오른다. 목자가 짚고 있는 지팡이는 양들을 사나운 짐승들로부터 지켜줄 것이다. 그리고 시편 23장에서 노래하듯이 양들을 넓은 초원에서 방목할 것이다: "그 이름 목자시니 인도하시는 길 언제나 곧은 길이요, 나 비록 음산한 죽음의 골짜기를 지날지라도 내 곁에 주님 계시오니 무서울 것 없어라. 막대기와 지팡이로 날 인도하시니 걱정할 것 없어라"(시편 23.3-4). 그림이 우리 안에 인상 깊이 새겨질 때 화가는 우리 내면에 이러한 신뢰를 일깨워줄 것이다. 그렇게 되면 착한 목자는 우리에게 내적 현실이 된다. 우리가 길을 잃어 먼길 돌아갈 때에도 착한 목자가 우리를 무등 태우고 있음을 느낀다. 그는 우리의 가장 깊은 내면을 알고 있다. 착한 목자 앞에서는 온전히 우리 자신 그대로이어도 된다.

6. 포도주틀 안의 예수님

교부들은 "포도주틀 안의 그리스도"라는 모티프를 이사야 63,3과 요한 묵시록 14,19에서 발전시켰다. 여기서는 하느님의 분노의 술틀에 대해 이야기하고 있다. 하느님은 혼자 술틀에 올라 그 안의 백성들을 밟아 짓이긴다. 교부들은 이것을 그리스도의 고통을 예고하는 것으로 해석했다. 수난을 통해 예수님은 죄와 하느님을 거스르는 모든 것을 밟아 짓이겼다. 이는 이사야 63,3에 나오는 "백성들"이 이에 해당한다. 포도와 짜낸 포도즙은 초기 교회에서 그리스도의 고통을 상징하는 것으로 해석되었다. 중세에는 예수님이 죽음을 이긴 승리자로 포도주틀을 밟는 분으로, 아니면 당신의 고통을 긍정하면서 수난중에 우리를 위해 포도주틀에서 짜여지는 분으로 즐겨 묘사되곤 했다. 이는 포도주틀에서 흘러나오는 포도즙을 우리 모두가 마시게 하기 위함이다. 15세기 이래 포도주틀 그림은 점차 성찬례의 성격을 띤다. 포도주틀에서 흘러나오는 그리스도의 피는 최후 만찬 잔이 받아담는다. 이 모티프가 즐겨 제대의 그림으로 사용되는 것은 그림이 증거하는 바가 성찬례 때마다 현실이 된다는 것을 보여주기 위해서이다.

에기노 바이네트는 포도주틀 밟는 예수님의 모티프를 제대나 감실에 자주 그렸다. 이로써 그는 "포도주틀 안의 그리스도"를 일종의 성찬례로 이해했음을 드러낸다. 그림은 감실의 앞면을 장식하고 있다. 그리스도께서는 십자가에 매달린 자세로 포도주틀에서 포도를 밟아 짓이긴다. 그리스도 손의 못자국에는 탐스런 포도가 달려 있다. 예수께서는 십자가에 매달려 계시지만 고통받는 사람이 아니라 오히려 사랑하는 사람의 표정을 하고 있다. 예수께서 포도주틀을 밟으시며 우리를 위해 우리가 성찬례에서 마실 사랑의 포도주를 짜내고 계신 것은 당신 사랑의 표시이다. 포도주틀은 예수님의 고통을 의미한다. 고통중에 예수님은 사람에게 짓밟히신다. 예수께서는 십자가에 달린 채 만인이 보는 앞에서 큰 소리로 기도하신 시편 22장을 빌려 이렇게 표현하신다: "나는 사람도 아닌 구더기, 세상에서 천더기, 사람들의 조롱거리, 사람마다 나를 보며 비쭉거리고 머리를 흔들며 빈정댑니다"(시편 22,6-7). "포도주틀 안의 그리스도" 그림의 역설은 예수께서 적극적으로 포도주틀을 밟는다는 데 있다. 예수께서는 당신의 고통을 받아들이신다. 예수께서는 그 고통을 기꺼이, 자기

잘못 때문에 자신 속에 갇혀 있던 인간들에 대한 사랑으로 받아들이신다. 수난중에 예수께서는 우리를 위해 당신이 부서지고 짓밟히도록 내버려 두신다. 하여, 예수님의 고통은 인간들에게 풍요로운 열매를 가져다준다. 달콤한 포도주가 만들어지기 위해서는 포도가 짓이겨져야 하듯이 예수님의 고통도 반드시 필요한 것이다.

에기노 바이너트는 제대나 감실에 "포도주틀 안의 그리스도"를 그림으로써 자기 나름으로 성찬례의 신비를 해석한다. 예수께서는 성찬례를 당신 사랑의 유산으로 우리에게 선물하셨다. 성찬례를 통해 우리는 예수님의 죽음과 부활을 날마다 새롭게 기념한다. 그럼으로써 우리는 예수님의 사랑으로 살아가고 있음을 고백한다. 예수님은 우리를 위해 죽음으로써 당신을 희생하시고, 성찬례를 통해 당신을 늘 새롭게 선사하시는 사랑을 베푸신다. 포도주틀에서 흘러나오는 포도주는 성찬례의 기본 특징인 기쁨을 표현한다. 시편 작가는 포도주가 사람의 마음을 즐겁게 한다고 말했다. 그리고 사랑하는 사람들이 특히 포도주를 노래하는 까닭은 포도주가 우리들의 사랑을 심화시키기 때문이다. 성찬례에서의 포도주는 우리를 향한 예수님 사랑의 표현이다. 예수님의 사랑이 영성체를 통해 우리 마음에 들어와 삶에 새 맛을 준다. 영성체는 우리 마음을 기쁘게 하고 사랑의 황홀로 우리에게 무엇인가를 예감케 한다.

7. 은총의 옥좌

예부터 예술은 삼위일체 하느님의 신비를 표현하려 애썼다. 그것은 때로 상징적인 삼각형으로 그려지기도 했고 겹쳐진 세 개의 환環으로 그려지기도 했다. 아브라함을 찾아온 세 천사의 형상을 그린 러시아 이콘처럼, 같은 모습을 한 세 인물로 묘사되기도 했다. 삼위일체 하느님을 표현한 그림을 "은총의 옥좌"라 부르는데, 이 그림은 중세에 많이 그려졌다. 삼위일체도를 뜻하는 "은총의 옥좌"라는 표현은 마틴 루터의 히브리서 9장 5절 번역에서 유래한다. 루터는 율법서가 들어 있는 궤의 뚜껑을 "은총의 옥좌"thronus gratiae라고 번역했다. "은총의 옥좌"에서 특징적인 것은 성부가 십자가를 들고 있고 성부와 성자 사이에 비둘기 모습의 성령을 그려 놓았다는 점이다. 13세기 이후에는 성부가 십자가 없이 예수님의 시신만을 당신 무릎에 안고 있는 그림이 많다. 그래서 "은총의 옥좌"는 피에타Pietá, 즉 예수님의 주검을 무릎에 안은 고통의 성모상과 종종 닮아 있다.

에기노 바이너트는 성부가 십자가에 달린 아들을 들고 있는 전통을 따랐다. 이는 하늘에서 땅에 이르는 단 하나의 큰 움직임이다. 성부는 옥좌에 앉은 위대한 인물로 그려졌다. 성부의 머리는 푸른 삼각형으로 둘러싸여 있다. 삼각형은 교부시대부터 삼위일체 하느님을 나타내는 상징이었다. 성부의 좌우에 열두 천사나 인간들이 영원한 찬미가를 부른다. 여기서 화가는 아마 스물네 원로가 하느님을 외쳐 부르는 요한 묵시록의 서술을 떠올린 듯하다: "우리 주님 하느님, 영광과 존경과 권능을 받아 마땅하시옵니다. 주님께서 만물을 창조하셨으니 주님 뜻대로 만물이 없었다가 창조되었나이다"(묵시 4.11). 성부께서는 하늘로부터 땅에 이르기까지 당신의 영광으로 채우신다. 땅에는 지위 고하에 상관없이 모든 사람들을 두루 그렸다. 두 여인이 아이를 팔에 안고 있다. 노인들은 지팡이를 짚고 서 있다. 성부께서는 그들에게 십자가상의 아들을 내주신다. 이것은 성부께서 그들에게 베푸는 사랑의 선물이다. 이 몸짓은 요한이 하느님을 두고 한 이야기를 표현한다: "하느님은 세상을 이토록 사랑하여 외아들을 주기까지 하셨으니"(요한 3.16). 십자가상에서의 예수님의 죽음이 여기서는 성부의 희생으로 해석되고 있다. 하느님께서는 당신의 아들을 세상에 보내어 당신의 자비로운 사랑을 만민에게 알리게 하신다. 하느님께서는 당신 아들을 아무런 보호 없이 발가벗긴 채

세상에 보내신다. 이것은 무력한 사랑이다. 이 무력한 사랑을 통해 예수님은 자비로우신 하느님이 가까이 계심을 이야기한다. 이 사랑은 사람들이 예수님을 제멋대로 다루고 급기야는 십자가형에 처할 수 있었을 만큼 무력하다. 하느님께서 친히 당신 아들을 인간들의 손에 넘겨주셨다. 이것이 바로 우리를 향한 그분의 조건없는 사랑이다.

위에서 비둘기 한 마리가 성부와 성자 사이로 날아든다. 예수님의 머리를 어루만지는 성령이다. 비둘기 형상의 성령은 성부와 성자 사이에 오가는 하느님의 사랑을 표현한다. 예수께서 우리에게 베푸시는 사랑은 성부의 사랑 바로 그것이다. 요한 복음이 이해한 대로 성령이 예수님의 죽음을 통해 우리 모두에게 쏟아 부어진다면, 이는 우리가 내면에서 느끼는 사랑이 우리를 삼위일체의 사랑에 참여하도록 한다는 뜻이다. 우리는 성부와 성자 사이의 사랑에 푹 잠겨 있다. 그러므로 "은총의 옥좌"는 삼위일체 하느님의 신비에 대해서뿐만 아니라 우리 자신에 대해서도 말해준다. 우리는 성부, 성자, 성령이 이루는 사랑의 공동체 안에 받아들여지도록 하느님에게 부름받았다. 이것은 인간에 대하여 할 수 있는 말 가운데 최상의 것이다. 우리는 하느님 안에 있다. 하느님의 사랑이 우리 안에 흐른다. 삼위일체 하느님은 우리에게 마음을 여신 분이다. 우리를 사랑하시기에 우리를 당신 안의 신적인 공동체 안에 받아들이기를 원하시는 분이다.

8. 생명 나무

그리스도교의 상징 체계에서 나무는 특히 즐겨 사용되는 모티프다. 에덴 동산에는 생명 나무와 선악을 알게 하는 나무가 서 있다. 아담과 하와는 이 나무 때문에 죄를 지었다. 하느님의 명령을 깊이 되짚어 보는 그 남자는 냇가의 나무에 비유된다: "그에게 안될 일이 무엇이랴! 냇가에 심어진 나무 같아서 그 잎사귀가 시들지 아니하고 제 철 따라 열매 맺으리"(시편 1.3). 예수께서는 좋은 나무는 좋은 열매를 맺고 나쁜 나무는 나쁜 열매를 맺는 것에 대해 말씀하신다(마태 7.17 참조). 더구나 예수께서 우리를 위해 돌아가신 십자가도 역시 나무다. 6세기에 포르투나투스Fortunatus von Poitier는 유명한 찬미가에서 십자가를 유일무이한 나무로 찬양했다: "신실한 재목이여, 온갖 나무 가운데 너만이 영예로워라. 가지도 꽃도 열매도 너에 값할 나무는 숲속에 없으니." 교부들은 십자가가 도처에 그려져 있음을 본다. 온 우주를 둘러싸고 있는 세상이라는 십자가에서, 삶의 파도로부터 우리를 안전하게 인도하는 돛대에서, 대홍수에서 우리를 구해준 방주에서, 그리고 양의 피를 발라 이스라엘을 죽음에서 구한 문설주에서도.

이 그림에서 에기노 바이너트는 초기 교회와 중세 교회에서 유행했던 상징 체계를 전용한다. 말하자면 선악을 알게 하는 나무에서 십자가를 자라게 하는 것이다. 아담과 하와가 하느님과 같아지기를 원하여 인간의 한계를 넘었던 그 나무는 이제, 예수께서 우리를 위해 죽기까지 순종하신 십자가가 된다. 교부들은 예수님의 순종을 인류 최초의 부부가 저지른 불순종과 대비시키고, 죽음을 인간의 본질적 한계로 긍정할 준비가 되어 있는 예수님의 마음가짐을 인간의 과도한 요구와 대비시킨다. 선악을 알게 하는 나무에서는 먹으면 눈이 열리는 열매들이 자란다. 이것을 약속한 것은 뱀이다. 십자가 나무에서는 사랑의 단 열매가 자란다. 그림에서 십자가의 열매는 예수님의 옆구리에서 흘러나와 잔을 채우는 피와 예수님의 양손에서 흘러나와 아담과 하와에게 바로 떨어지는 커다란 두 개의 핏방울로 표현되고 있다.

전해오는 바로는 예수님은 정확히 아담의 무덤 위에서 십자가에 달리셨다 한다. 예수님은 새로운 아담. 즉 새로운 인간이시다. "아담 안에서 모든 이가 죽듯이, 마찬가지로 그리스도 안에서 모든 이가 살아날 것입니다"(1코린 15,22). 예수님은 새로운 아담으로서 아버지께서 당신에게 건네신 잔을 마실 준비가 되어 있다. 예수님은 인간의 권한으로 허락된 것보다 더 많이 아는 것을 포기하신다. 그리고 바로 당신 사랑 안에서 하느님과 인간의 본래적 신비를 바라보신다. 그래서 사실상 십자가는 "알게 하는 나무"다. 십자가를 보고 우리는 하느님이 누구신지를 안다. 하느님은 우리를 위해 피 흘리시는 사랑이라는 것을 안다. 그리고 십자가에서 우리는 인간이 누구인지를 안다. 우리 인간이 어떤 악을 행할 소질이 있는지를 안다. 인간이 하느님의 아들을 십자가형에 처하여 인간의 상상력으로 생각할 수 있는 죽음 가운데 가장 처참한 죽음으로 몰고 갔다는 것을 안다. 그러나 하느님의 힘으로 사는 인간이 어떤 사랑을 할 능력을 가졌는지도 우리는 십자가에서 본다. 예수께서는 유대와 로마 법정의 재판에 임하여서도 당신의 신성으로 돌아가지 않고 인간을 위해 자신을 희생하셨다. 예수께서는 십자가에서 우리 모두에게 드러내신 당신의 사랑에 대해 스스로 이렇게 말씀하신다: "벗을 위해 목숨을 내놓는 것보다 더 큰 사랑을 지닌 사람은 없습니다"(요한 15,13). 아담과 하와가 선악을 아는 나무 열매를 먹었을 때 그들은 자신이 발가벗었다는 것을 알았다. 그래서 하느님과 서로에게 자신을 숨겼다. 예수께서 사랑으로 당신을 내놓으셨기에 그들은 이제 서로를 사랑할 수도, 벗은 몸으로 서로를 받아들일 수도 있게 되었다. 그들은 지금 예수님의 피에서 흘러 내리는 하느님 사랑으로 온통 휩싸여 있기 때문이다.

9. 마리아 5월의 여왕

오랜 전통에 따라 5월은 마리아에게 봉헌되고 있다. 5월의 마리아는 들에 핀 백합화, 아름다운 여인으로 전해진다. 그림에서 마리아를 아름다운 여인으로 묘사하는 전통은 고딕 양식에서부터 시작된다. 14세기 이탈리아에서는 꽃밭에 앉아 있는 마리아를 즐겨 그렸는데, 화가들은 여기서 에덴 동산의 상징을 보았다. 라인 지방의 회화에서 이 모티프는 큰 사랑을 받았다. 가령 슈테판 로흐너나 마틴 숀가우어 같은 사람들이 여기 속한다. 이들은 흔히 장미꽃 다발 속에 파묻힌 마리아를 그렸다. 알브레히트 뒤러 시대에는 장미로 꾸민 의자 위에 앉히거나 낙원의 정원을 배경으로 삼기도 했다.

아기 예수님을 안고 꽃밭 한가운데 앉아 있는 마리아를 그릴 때, 아마 에기노 바이너트도 이러한 전통을 따르려 했을 것이다. 마리아는 민간신심에서 아름다운 꽃으로 표현된다. 로레토 지방의 연도連禱는 마리아를 신비스런 장미rosa mystica라 부른다. 마리아 안에서 인간은 하느님이 창조하신 그대로의 가장 순수한 모습으로 표현된다. 예수님은 인간이자 하느님의 아들이셨다. 그래서 화가들은 예수님을 인간의 원형으로 표현하기를 두려워했다. 그들은 늘 예수님에게서 영원하신 아버지의 아들을 보았다. 그분께는 하느님의 모습이 반영되어 있다. 가톨릭 교리에 따르면 마리아는 원죄에서 해방되었다. 하여 신학과 예술은 마리아를 아름답고 순수한 인간의 원형으로 삼았다. 그러나 마리아를 바라보고 있으면 마리아가 하늘로 고양되는 것이 아니라 오히려 우리 자신을 되비추는 거울로 남는다. 교부들에게 마리아는 구원받은 인간의 원형이기 때문이다. 우리가 그녀에 대하여 고백하는 것이 곧 우리 자신에 대한 것이라고 믿어도 좋다. 우리 안에도 그리스도께서 계신 곳이라면 죄가 힘을 잃는다는 것과, 우리 안에도 죄가 발을 붙이지 못하는 공간이 있다는 사실이 우리한테도 적용된다. 그래서 에페소인들에게 보내는 편지는 이렇게 말한다: 하느님은 "그리스도 안에서 우리를 뽑아 당신 앞에서 사랑으로 거룩하고 나무랄 데 없도록 하셨습니다"(에페 1.4). 그리스도를 통하면 우리도 마리아처럼 흠이 없어진다. 이것을 예술은 마리아를 둘러싸고 있는 아름다운 꽃으로 표현한다. 꽃에서 하느님의 영광이 빛나는 것처럼 마리아에게서는 순수하고 하느님을 투

과시키는 한 인간이 우리를 향해 빛을 발하고 있다. 그의 이미지는 죄 때문에 흐려지는 법이 없다. 이는 성모 신심 안에서 자기를 표현하는 낙관의 신학이다. 마리아 그림들은 우리도 하느님을 투과시키도록 부름받았음을 보여주려 한다. 이 그림들은 흠 없고 죄에 물들지 않은 내면의 장소로 우리를 인도한다. 그 장소에는 우리 안의 하느님이 친히 살고 계시다.

배경에는 에덴 동산의 아담과 하와가 보인다. 그들 사이의 선악과를 뱀이 휘감고 있다. 뱀은 나무 열매를 따먹으라고 하와를 꼬드긴다. 그 열매를 먹으면 눈이 열려 하느님처럼 된다면서 하와가 아담에게 사과를 건네주니, 그가 받아먹는다. 이 그림에 표현된 원죄는 인간이 하느님이고자 하는 데 있다. 인간이 하느님으로부터 지음받았고 자신의 온 존재가 하느님께로 귀착된다는 것을 참지 못한다는 데 있다. 마리아는 새로운 하와다. 그녀는 인간의 본성을 벗어나려 하지 않고 순종Fiat함으로써 하느님의 처분에 자신을 맡긴다: "보십시오, 주님의 종입니다. 말씀대로 저에게 이루어지기 바랍니다"(루가 1.38). 마리아는 자신의 인간적인 숙명에서 벗어나려 하지 않았기 때문에 하느님이 그녀를 높이 들어올리신다. 그래서 이런 마리아의 노래Magnificat를 부른다: "정녕 당신 종의 비천함을 굽어보셨도다. 보라, 이제부터 만세가 나를 복되다 하리니"(루가 1.48). 마리아, 새로운 하와는 우리의 어머니가 되었다. 그녀 안에서 우리는 인간으로서의 존엄성을 깨닫는다. 우리는 하느님을 우리 안에 모시고 인간의 육신에서 이 세상에 계신 하느님을 볼 수 있게 해야 할 소명을 받았다.

10. 성모 승천

교회는 8월 15일에 마리아의 승천을 기념한다. 이 날은 낙관적인 축일이다. 육체와 영혼을 지니고 하늘에 올라간 마리아는 구원받은 인간의 원형이다. 우리도 죽을 때 육체와 영혼을 지니고 하느님께 갈 것이다. 이 축일은 우리가 사도신경을 통해 고백하는 바를 특별히 기억하는 날이다: "육신의 부활을 믿으며 영원한 삶을 믿나이다." 민간신심은 이 축일에 풀꽃다발을 축성한다. 아름답게 다발을 엮어 교회로 가져가는 이 풀꽃은 반드시 약초라야 한다. 이로써 우리는 하느님께서 유익한 삼라만상을 주셨음을 고백한다. 우리의 상처를 치료해줄 풀들이 지천으로 돋아나 있다. 마리아는 그러니까 이 땅이 낸 치유 식물이다. 마리아는 하느님께서 세상을 좋게 만드셨다는 것을 우리에게 보여준다. 우리의 육신도 좋은 것이다. 육신은 부활하도록 부름받았다. 우리는 영혼만 가지고 하느님께 가는 것이 아니고 육체와 영혼을 함께 가지고 간다. 우리는 온전한 인간으로서 삶에서 겪은 모든 체험들을 지닌 채 천상의 존재로 변화된다. 우리는 육체를 넘어서 우리의 사랑과 갈망을 표현한다. 우리 가장 깊은 속의 감정들은 육체를, 두려움·분노·슬픔·아픔을 넘어선다. 육체를 넘어서 우리는 서로를 있는 그대로 지각知覺한다. 죽을 때도 구원받은 영혼의 고독 속에 빠져들지 않을 것이며 성인들의 통공으로 들어갈 것이다. 삶을 나눈 모든 사람들과 더불어 새롭고 독특한 방법으로 공동체를 체험하게 될 것이다.

그림에서 갈망의 푸른색 옷을 입은 마리아는 무덤에서 나와 하늘로 오른다. 무덤이 그녀를 잡아둘 수 없다. 하느님께서 친히 그녀의 무덤 위에 놓인 돌을 굴려 치우셨다. 예수님의 부활에 대해 시편 16장이 노래하여 결국 우리 모두에게도 적용되는 것이 바야흐로 마리아를 통해 실현된다: "당신은 내 영혼을 저승에 버려두지 않고 당신 거룩한 자를 썩지 않게 하시리로다"(시편 16.10; 사도 2.27). 두 천사가 천상을 향해 기도하는 마리아를 하늘로 인도한다. 하늘에는 하느님 아버지께서 당신의 아들이자 마리아의 아들이신 예수 그리스도와 함께 마리아를 기다리고 계시다. 그리고 성령이 구름을 타고 마리아를 향해 날아온다. 여기서 성령은 남자 모습을 하고 있다. 에기노 바이너트의 마리아 그림은 우리 모두의 희망이다. 우리도 죽을 때 온전한 인간으로서 하늘의 영광에로 받아들여질

것이다. 거기서 우리 육신은 변화된다. 그리고 우리는 하느님께서 각자에게 만들어 주신 모습으로 변화된다. 삼위일체 하느님과 이루는 친교 안에서 우리는 우리가 사랑했던 모든 사람들, 우리보다 먼저 하느님의 영광 안에 든 모든 사람들과 함께 만드는 통공을 경험하게 될 것이다.

무덤가에는 붉은 장미 한 송이가 소담스레 피었다. 마리아는 죽어서 우리 모두를 위해 곱고 향기로운 장미가 되었다. 몇몇 성인들 중에는 막달라 여인 마리아처럼 죽을 때 장미향을 퍼뜨렸다거나 소화 데레사처럼 하늘에서 장미비를 내리게 한 이들이 있었다고 전해진다. 이는 하느님 안에 닻을 내린 사람이 다른 사람을 위해 죽을 때 어떤 열매가 될 수 있는지를 보여주는 아름다운 모습이다. 우리는 대개 누군가 죽을 때에야 비로소 그가 정말로 어떤 사람이었는지를 안다. 그때는 하느님께서 만들어 주셨던 그의 모습이 하늘에서만 드러나는 것이 아니고 우리에게도 선연히 나타나게 된다. 하느님께서 누군가의 죽음에서 그만의 고유한 소명이 무엇이었고 그의 신비가 무엇이었는지를 우리에게 보여주실 때, 그는 우리에게 한 송이 장미가 되어 기쁨을 주고 달콤한 향기로 충만케 한다. 예부터 사랑하는 사람들끼리는 서로에게 장미를 선물하곤 했다. 마리아는 스스로 값진 장미가 되어 그녀 사랑의 표지로 우리에게 자신을 선사했다. 로레또 지방의 연도가 말하듯이 그녀는 신비스런 장미이다. 마리아는 삶에 새로운 맛을, 부드러운 사랑의 맛을 선사한다. 장미처럼 감미로운 향기를 풍기면서.

11. 보호 망토의 마리아

보호 망토의 마리아는 13세기 이래 매우 사랑받는 모티프다. 이 모티프를 전파하는 데 크게 공헌한 것은 시토회와 도미니코회 수도자들의 상상력이었다. 14,5세기의 회화와 조각에서 이 모티프가 널리 퍼진 것이 발견된다. 이 모티프는 중세법에서 중요한 역할을 했던 소위 "보호 망토"에서 유래되었다. 중세의 도망자들은 그들에게 피난처를 마련해 줄 권리를 지닌 귀족 부인의 망토 밑으로 도피할 수 있었다. 이 모티프는 가령, 성녀 우술라 같은 개개의 성인들에게도 전가되었다. 그러나 제일 좋기로는 역시 보호 망토를 입은 마리아였다. 하느님의 어머니는 사람들이 속마음을 털어놓을 수 있던 가장 힘있는 중재자로 여겨졌다. 보호 망토의 마리아 그림에는 넓은 망토 밑에 숨은 여러 계층의 사람들이 보이는데, 그들은 대부분 조그맣게 그려져 있다.

전례력에서 보호 망토의 마리아 모티프는 아마 로사리오 성월인 10월에 가장 잘 어울릴 것이다. 많은 사람들이 로사리오를 통해 마리아한테로 피난하고, 마음 속에 있는 사람들을 위해 마리아가 중재자로 나서 줄 것을 청한다. 로사리오는 하나의 묵상기도이다. 로사리오 기도에서 열 번의 성모송을 바치는 동안 우리는 예수님이나 마리아의 삶의 신비 하나를 묵상한다. 그러나 많은 사람들이 다른 사람들을 위해서나 개인의 중요한 간구 때문에, 혹은 세상사를 위해서도 로사리오 기도를 바친다. 묵주기도를 통해 사람들은 마리아의 넓은 망토 아래 숨는다. 마리아의 보호 망토는 그녀가 우리와 함께 그리고 우리를 위해 기도한다는 것을 뜻하기도 하지만 다른 한편으로는 하느님의 모성을 암시하기도 한다. 엄마 품에 있는 아이처럼 우리가 그 망토 안에 숨어 있음을 안다.

에기노 바이네트는 오로지 기도하는 사람들만을 위해 마리아의 짙푸른색 넓은 망토 자락 안에 자리를 마련한다. 기도하는 아이들 중 둘은 꽃다발을 손에 들고 있다. 흰꽃 다발은 죄로 더럽혀지지 않은 여인(Immaculata)을 상징한다. 다른 소녀는 붉은 장미를 들고 있다. 붉은 장미는 사랑을 의미한다. 이 사랑으로 하느님의 어머니는 도움을 청하는 모든 사람들에게 나타난다. 네 아이들 옆에는 두 남녀가 무릎을 꿇고 있다. 아이들의 부모일지도 모른다. 그들 뒤에는 두 노인이 서 있는데,

역시 남자와 여자다. 이렇게 이 그림에서는 보호 망토 안에 모인 사람들의 계층이 사회적으로 다양한 것이 아니라 연령적으로 다양하다. 모두 나름대로의 질문과 문제들을 가지고 넓은 마리아의 망토 자락에서 피난처를 찾는다.

1640년경에 인스브루크에서 불려지던 마리아의 노래는 이렇게 간구한다: "마리아, 망토를 펴세요. 우리를 위해 우산과 방패를 만들어 주세요. 우리가 그 안에 든든히 서 있게요. 폭풍이 다 지나갈 때까지!" 이 노래의 주제를 화가는 자신의 그림으로 표현했다. 각 연령층의 사람들이 마리아의 넓은 망토 안에 피난처를 찾는다. 엄마 마리아의 망토라는 모티프가 매우 사랑을 받았다는 것은 사람들이 마리아에게서 엄마 같은 하느님의 모습을 읽었음을 의미한다. 우리에게 하느님은, 아이에게 자신의 망토 안에 피할 곳을 마련해 주는 엄마와 같다. 남자가 오히려 우리를 위한 "우산과 방패"일 수 있다고 생각하는 사람도 있을 것이다. 그러나 엄마의 보호 속에서 안정을 경험하고 싶은 것은 분명 인간의 원초적 갈망이다. 이것은 어린애의 의존성으로 퇴행하는 것이 아니다. 삶의 한가운데서 매일매일 싸움과 분쟁에 직면해야 하는 인간에게는 오히려 엄마의 보호 공간이 필요하다. 그 안에서 우리는 쉴 수도 있고 숨을 수도 있다. 보호 망토를 입고 있는 마리아는 인간을 어여삐 여기는 하느님, 엄마처럼 다정한 하느님의 모습을 보여준다. 그 하느님은 일상의 상처와 적대감으로부터 우리를 보호해 준다. 하느님의 은총을 입은 마리아는 우리에게 엄마 같은 하느님을 비추어 주는 프리즘이 된다.

12. 그리스도 세상의 왕

그리스도의 존위(Maiestas Domini) 모티프는 1세기 이래 동방에서 특히 애호되었다. 그리스도께서는 만돌라Mandorla(조형미술에서 그리스도 및 성모 마리아에 덧붙이는 편도형 혹은 타원형의 광륜)와 네 복음사가의 상징으로 둘러싸인 반원형의 옥좌에 앉아 계시다. 이 그림의 기초가 되는 성서 구절은 아마 이사야 66장 1절일 것이다: "하늘은 나의 보좌요 땅은 나의 발판이다." 그리스도께서는 온 세상을 다스리시는 세상의 지배자이시다. 이는 골로사이인들에게 보낸 편지가 말하듯 온 피조물의 머리이신 우주의 그리스도를 가리킨다(골로 1.17 참조). 그분은 오른손으로 온 세상을 축복하시고 왼손에는 당신 안에서 육화된 하느님의 말씀이 기록된 책을 들고 계시다. 옥좌 위의 그리스도께서는 이 세상을 심판하시고 이 세상을 궁극적으로 지배하기 위해 세상 끝날에 다시 오실 주님으로도 표현된다. 네 복음사가들이 그를 둘러싸고 있다: 사람 얼굴 마태오, 사자 얼굴 마르코, 황소 얼굴 루가, 독수리 얼굴 요한. 흔히 옥좌의 그리스도 그림은 큰 교회의 압시스Apsis(성당의 반원형 벽감)를 장식한다. 특히 그리스도의 존위 모티프는 프랑스에서 교회 정문 조각에 즐겨 사용되었다. 어느 누구보다 이 모티프를 장려한 사람들은 끌뤼니Cluny의 베네딕도회 수도자들이었다.

바이너트는 이 그림에서 자신이 전수받은 그리스도교 예술의 선례들을 철저히 지킨다. 그는 위대한 그리스도교 예술의 전통 속에서 화가로 정평이 나 있다. 그의 과제는 무엇인가 완전히 새로운 것을 만들어내는 것이 아니고 옛것을 우리 시대로 옮겨오는 것이다. 옥좌에 앉아 계신 그리스도 그림에서 바이너트가 표현하는 것에는 베네딕도회의 분위기가 깊이 스며 있다. 일찍이 베네딕도 성인은, 모름지기 수도자들은 "그리스도보다 아무것도 더 낫게 여기지 말 것이다"(RB 72.11)라고 규칙에 적었다. 그리스도는 우리 삶의 목적이며 중심이다. 그리스도 안에서 아버지의 모습이 우리에게 비춰진다: "나를 본 사람은 이미 아버지를 보았습니다"(요한 14.9). 기도할 때 수도자들은 옥좌 위의 그리스도를 바라본다. 아버지의 영광 안에서 아버지 오른쪽에 앉아 계신 그리스도는 그들의 기도가 하늘에 가 닿는다는 확신을 준다. 기도의 목적지가 가시화되는 셈이다. 기도할 때 그들은 하느님의 모습을 애타게 보고 싶어한다. 옥좌에 계신 그리스도에게서 하느님의 모습이 그들에게 빛난다.

전례력은 그리스도 왕 대축일로 끝난다. 우리는 이 축일에 하느님의 영광 안에서 그리스도가 완성되는 것을 본다. 그리스도께서는 영광으로 재림하여 삼라만상을 새롭게 하고, 당신의 나라에 우리를 받아들이실 것이다. 그러면 우리는 왕다운 사람이 되어 그분과 함께 지배하리라. 축일은 우리가 지금 이미 "왕다운 제관"(1베드 2,9)들임을 알려주고자 한다. 세례 때 우리는 성유, 즉 왕의 대관식에 쓰는 기름을 바른다. 우리는 왕다운 존엄을 지니고 있다. 왕은 세상과 세상의 권력에 지배받지 않고 자기자신을 지배하는 사람을 상징한다. 유대인들에게 왕은 특히 자기 안팎을 평화롭게 할 수 있는 사람이다. 그리스인들에게 왕은 인간 존재의 높이와 깊이를 아는 온전한 사람이다. 옥좌 위의 그리스도를 바라보노라면 그림은 우리에게 왕다운 품위를 드높이고 내면화시켜 줄 것이다. 그리스도께서 우리에게 당신 왕국의 한몫을 선사하실 것이므로 우리는 똑바로 일어나 왕다운 사람으로서 이 세상을 활보해도 좋다. 그러나 세상에 속해 있는 나라는 그리스도의 왕국과 같지 않다(요한 18,36 참조). 그리고 그리스도의 왕국은 이 세상에 속해 있지 않으므로 이 세상 어떤 권력도 우리에게서 그 왕국을 빼앗을 수 없다. 수난과 핍박 속에서도, 좌절하고 상처받는 중에도 우리는 그리스도와 함께 이렇게 말할 수 있다: "내 나라는 이 세상에 속하지 않습니다." 이 말은 우리 일상의 곤고함 속에서도 우리에게 제왕의 품위와 하느님의 자유를 선사한다. 그리스도께서 앉으신 옥좌가 우리 내면 어딘가에 있다. 거기서는 세상 권세가 우리를 좌지우지할 수 없다. 거기서 우리는 이미 구원되었고 완전하다. 에기노 바이너트가 그린 옥좌 위의 그리스도를 바라보면, 우리가 제왕의 존엄을 지니고 있다는 이 현실을 깊이 깨닫게 된다. 그리고 우리는 그것으로 산다.

마무리

에기노 바이너트의 그림에는 예수님이 이 땅에서 우리에게 행하신 구원의 역사가 엿보인다. 루가는 예수님의 활동을 구원의 해로 이해했다. 이는 전례력의 축일들을 통해 점점 더 새롭게 우리 세상에 각인되고 있다. 이로써 세상은 점점 더 변화될 것이다. 이 그림들은 그리스도께서 행하신 구원 사업의 깊은 감명을 우리 안에 심어 주고자 한다. 그것은 구원이 우리 존재의 모든 층을 관통하고, 우리의 행위와 사유思惟를 변화시키며, 우리 사유의 전제를 결정하는 무의식의 심연을 밝히기 위함이다. 바이너트는 자신의 예술을 구원을 선포하는 작업으로 이해한다. 그는 구원과 해방이라는 하느님의 행위가 그림을 통해 사람들에게도 영향력을 발휘할 수 있도록, 예수 그리스도를 통한 하느님의 사업을 사람들에게 보여주고 싶어한다.

전례력에 따른 전례는 각 축일들마다 예수께서 당시 구원의 해에 행하셨던 것을 기념한다: "그분은 두루 다니며 좋은 일을 행하고 악마에게 짓눌린 이를 모두 고쳐 주셨습니다"(사도 10,38). 중세 이래 신앙인들은 교회의 공식 전례 외에 마음의 전례를 발전시키려 노력해 왔다. 성찬례의 빵을 모든 이들이 볼 수 있도록 만다라 형태의 성광聖光 안에 두고 경배하는 것도 일종의 마음의 전례라 할 수 있다. 교회 내부의 그림들도 이같은 과제들을 수행했다. 그 그림들은 사람들이 거기 그려진 전례의 신비를 보면서 마음으로 생각하고 묵상하도록 이끌어야 한다. 전례는 중세에 이르러 점점 성직자 중심의 전례로 변해가는 경향이 짙어졌다. 그래서 일반 백성들은 전례를 쉽게 이해할 수가 없었다. 그림은 백성들이 자기네 방법으로 구원의 신비에 접할 수 있는 장을 열어주었다. 그림은 설명을 필요로 하지 않는다. 하느님께서 예수 그리스도 안에서, 예수 그리스도를 통해 자기들에게 행하신 바를 백성들은 그림에서 보았다.

에기노 바이너트의 그림들은 우리를 마음의 전례로 초대하고 싶어한다. 제2차 바티칸 공의회를 통한 전례 운동과 혁신은 전례에 이르는 새로운 통로를 열어주었다. 그럼에도 불구하고 교회에서 거행하는 미사는 각 가정에서 행할 수 있는 개인적인 예배로 보완되어야 한다. 이 책의 그

이 책을 그림들은 모두 화가의 개인적인 묵상에서 나왔다. 에가도 베이네트는 기도하는 사람이다. 그는 대중을 위한 예술을 하지 않는다. 오히려 자기 예술로 사람들을 교화하고, 사람들에게 용기를 주고, 많은 속에서 그들을 강화시키려고 한다. 그는 자신의 신앙을 고향집과 민스터슈바르츠 수도원에서 감화력 있는 깊은 종교적 감화의 덕이라 여긴다. 우리를 감화시킨 성령이 베이네트의 그림에 반영되어 있음은 우리 민스터슈바르츠 수도자들의 기쁨이다. 수도원에 있는 동료 수사들, 특히 정성들은 화가로서의 그를 이해하지 못해도 채네로 대수하지 않았다. 그들은 시대의 편협성에 사로잡혀 있었고, 오로지 베네딕도 정신에 상응하는 보이론Beuron 수도원의 예술만을 인정했다. 베이네트는 베네딕도회의 예술적 전통을 우리 시대로 남가오는 안거로 만들 수 있는 예술가 안석의 예술을 이해하지 못한 화가가 그들에게 많은 사람들에게 감동을 준다. 사람들은 그림들을 보면서 많은 사람들에게 감동을 준다. 사람들은 그림들을 보면서 신앙을 모색하는 일에 동참시키고 있다는 것을 느낀다.

말들은 가정의 전례력의 각 축일에 동참하는 데 기여할 것이다. 그래야 이 축일들이 교회의 전례에서도 더 잘 기념될 수 있을 것이다. 이 그림들은 미사, 예식을 되찾아 보는 데도 필요할 것이다. 그림을 보고 있노라면 기념하는 것들이 우리 마음에 더 깊이 새겨진다. 당신의 육체와 영혼에서 반야 보신 그리스도의 그림을 통해 우리 내면에 깊이 새겨진다. 당신의 육체와 영혼의 모든 측면을 관통하여 그리스도의 일치적인 모습으로 우리를 변화시키기 위함이다. 그 모습이 바로 우리 각자의 모습이다. 그리스도는 하느님의 일흔이다. 그리스도 안에서 우리는 모든 측면에서 하느님의 모습을 볼 수 있게 되었다. 그리스도 안에서 하느님의 영상이 우리 안에서 무한하고 파악할 수 없는 하느님의 모습으로, 우리 이를 그리스도교 신앙의 핵심적인 신비로 드러낸다. 축의의 근본적인 축면으로, 우리는 이를 그리스도교 신앙의 핵심적인 신비로 드러낸다. 2,000년 전 예수 그리스도 안에서 일어난 하느님의 육화가 그림을 통해 우리에게 위안은 준다. 허락, 오늘날 각 가정에서는 이 그림들을 보면서 루카 복음서에서처럼 이렇게 말해도 좋은다: "오늘 이 집에 구원이 내렸습니다"(루카 19,9).

그래서 이 책은 민스티쥬바르쩨쯔 수도원과 에기도 바이네트 사이를 이어주는 징표가 되어야 한다. 그는 여기 우리 수도원에서 그에게 자인된 것을 간직한 채 고통스러운 암중모색의 시점을 거치며 그만의 독특한 양식을 발전시켜 있다. 그의 그림들은 화가 개인의 정건함을 전해 주기도 하지만 우리의 정건함을 통해 우리에게도 감동을 주고 싶어한다. 그럼으로써 하느님과 예수 그리스도를 향한 우리 사랑을 키우고 우리 삶 전체를 각인시키기 위해서이다. 예수 그리스도 안에서 하느님의 모습이 빛난다. 바이네트에게도 하느님의 모습에 예수 그리스도에게서뿐 아니라 마리아에게서도 빛을 발한다. 마리아에게서는 하느님의 엄마스런 모습이 빛난다. 또한 하느님의 모습은 그가 특히 좋아하는 많은 성인들에게서도 나타난다. 하느님께서 우리의 상처임고 행실어진 삶의 역사를 어떻게 치유하심 수 있고, 얼마나 다양한 방법으로 하느님이 우리 안에서 완성될 수 있는지가 성인들을 통해 그때그때 새로운 방법으로 드러난다. 각각의 성인들에게서 하느님의 모습이 유일무이하고 독특한 방법으로 빛난다. 성인들은 우리도 거룩해지도록, 그리고 하느님이 구원의 온전한 개인적인 방법으로 드러내보이도록 소명받았다는 것을 일께워 준다. 바이네트의 모든 그림들은 하느님께서 아들 예수 그리스도를 통해 우리에게 큰 일을 행하셨고 매일 새롭게 기적을 배푸신다는 것을 일깨운다. 그의 그림들을 묵상할 때면 그가 우리에게 해준 것에 대해 감사하는 마음으로 시편의 작가와 함께 이런 기도를 올릴 수 있어야 하리라: "내 영혼아, 야훼를 찬미하여라. 속으로부터 그 거룩한 이름을 찬미하여라. 내 영혼아, 야훼를 찬미하여라. 베푸신 모든 은혜 잊지 말아라. 네 모든 죄를 용서하시고 내 모든 병을 고쳐 주신다. 내 목숨을 구렁에서 건져 주시고 사랑과 자비의 관을 씌워 주신다. 네 인생에 복을 가득 채워 주시니 같은 젊음을 되찾아 주신다" (시편 103,1-5).